外国语言文学研究学术论丛 | 总主编◎文　旭

学业自我认知与德语专业成绩的关系研究

冯小俐◎著

Academic Self-Cognitions and Achievements:
A Study of Students of German Studies

科学出版社
北　京

内 容 简 介

学业自我概念、学业自我效能感是与学业成绩密切相关的学业自我认知构念。本书以中国的德语专业学生为对象，运用心理测量学方法，在引进德国高质量的相关测量工具的基础上，考察学生的这两个学业自我认知构念在一般学业及学科层面上的学习类型特征及年级特征，并在横向与纵向研究中查明它们与学业成绩的关系，构建相应模型。

笔者修订及编制的学业自我认知构念量表可供德语专业教师与研究者直接使用，学业自我认知构念与德语专业成绩的关系结论可为德语专业教师和科研人员制定相应干预措施提供参考。本书也可供其他外语专业教学与研究者以及心理学学者阅读。

图书在版编目（CIP）数据

学业自我认知与德语专业成绩的关系研究 / 冯小俐著. —北京：科学出版社，2019.6

（外国语言文学研究学术论丛 / 文旭总主编）

ISBN 978-7-03-060982-3

Ⅰ. ①学…　Ⅱ. ①冯…　Ⅲ. ①德语-教学研究　Ⅳ. ①H339.3

中国版本图书馆 CIP 数据核字（2019）第 065523 号

责任编辑：常春娥 / 责任校对：何艳萍

责任印制：徐晓晨 / 封面设计：铭轩堂

科 学 出 版 社出版

北京东黄城根北街 16 号

邮政编码：100717

http://www.sciencep.com

北京建宏印刷有限公司 印刷

科学出版社发行　各地新华书店经销

*

2019 年 6 月第　一　版　开本：720×1000 B5

2019 年 6 月第一次印刷　印张：13 3/4

字数：150 000

定价：88.00 元

（如有印装质量问题，我社负责调换）

丛　书　序

外国语言文学博大精深，其内容涵盖外国语言学研究、外国文学研究、翻译研究、外语教育研究及跨文化研究等。在我国，外国语言文学研究历史悠久、成绩斐然。近些年来，外国语言文学研究发展迅猛，其理论与模式不断创新，研究方法多种多样，尤其在研究领域方面，其跨学科性和交叉性日益凸显，如与哲学、符号学、心理学、社会学、人类学、认知科学、脑科学等众多领域的日渐交叉和融合，促使研究者必须多维度、多视角、多层面地进行研究，从而在科研上真正做到有所创新、有所前进、有所作为。多学科、跨学科、超学科研究已是当今学术发展的必由之路。

当然，无论是从学科研究历史传统的传承上来看，还是从其未来发展的开拓创新上来说，外国语言文学研究都任重而道远。因此，与时俱进，汇聚外国语言文学领域研究的最新成果，并为先行者和后学共同搭建学术交流的平台便成为促进学科发展极为重要的一环。为此，我们秉承西南大学“特立西南，学行天下”的大学精神，在学界广大同仁的关心和帮助下，精心打造了“外国语言文学研究学术论丛”系列学术专著，以期促进外语界同仁相互沟通与交流，共同创新与进步。该系列学术专著的规模化出版，是西南大学外国语学院科学研究事业中的一件大事，其诞生是学院学科建设与科学研究事业发展的必然，同时也必将为进一步搭建西南大学外国语学院学术成果交流的平台做出贡献。

西南大学起源于1906年4月建立的川东师范学堂，于2005年由原西南师范大学、西南农业大学合并组建而成，是教育部直属重点综合性大学，国家“211 工程”和“985 工程优势学科创新平台”建设高校。西南大学外国语言文学学科历史悠久、实力雄厚。学贯中西的大师吴宓先生，著名诗人、文学家方敬，翻译家邹绛，外语教育家张正东等学术先贤和著名专家曾在此执教，积淀了深厚的人文底蕴，形成了优良的学术传统和办学特色。西南大学外国语学院拥有“外国语言文学”一级学科博士学位、硕士学位授权点和博士后科研流动站，以及

“翻译硕士”“教育硕士”专业学位授权点，同时接收国内访问学者。学院拥有重庆市人文社会科学重点研究基地“外国语言学与外语教育研究中心”、西部地区外语教育研究会、重庆市外文学会、重庆市莎士比亚研究会等学术组织或团体。学院现有多名国内外知名专家学者，在认知语言学、语用学、功能语言学、莎士比亚研究、英美现代主义文学、翻译研究、外语教育学等领域有较深的造诣，并在多个全国性学术团体中担任重要职务。改革开放以来，学院秉承“博学中西，砥砺德行”的院训，以“崇尚学术自由、培养外语英才、塑造模范国民”为使命，以“全人教育思想”为外语教育理念，以学科建设为龙头，以科学研究为基础，在语言学研究、文学研究、翻译研究、外语教育以及文化研究等领域取得了一批学术价值大、实用性强的科研成果，多次获得全国和部市级的教学科研成果奖，在国内外产生了一定的影响。

本丛书的出版得到了西南大学和重庆市人文社会科学重点研究基地“外国语言学与外语教育研究中心”学科建设的大力资助，外国语学院的许多教师以及各界朋友也给予了极大的支持，尤其离不开科学出版社阎莉女士的真诚相助，在此对他们表示衷心的感谢。诚然，这个新生婴儿的成长与发展，要靠广大学人的呵护和支持。因此，敬祈学界朋友不惜赐教为幸，也热忱欢迎同行专家不吝赐稿。我们将秉承西南大学“含弘光大、继往开来”的校训，继续不遗余力为本丛书的成长壮大添砖加瓦。

为学之道，“辟如行远必自迩，辟如登高必自卑”。共同的事业就是共同的生活情趣，也是共同的追求，“嘤其鸣矣，求其友声”。“行到水穷处，坐看云起时”，思考求索的起点，追寻学术的真谛，这就是我们的责任和使命。是为序。

2014 年 6 月 22 日

谨识于西南大学

序

冯小俐博士精心撰写的专著即将付梓，邀我作序，我欣然应允。自 2014 年以来，她任职于我院，一直以极大的热情投入教学与科研中，取得了很多成绩。现在，她把近年来孜孜不倦耕耘后取得的部分成果写入著作，愿与大家分享其教学经验和心得，我甚感高兴。

德语教学是我国外语教育的重要组成部分。在国际化和全球化的背景下，德语专业近年的招生规模急剧扩大，但因学生数量的增长，教学质量也有所下滑。因此，德语教师应思考如何创新改革，提高教学效率，确保人才培养的质量。

目前，国内德语教学研究仍以经验总结和思辨分析为主。这样的研究难以揭示教育现象背后的规律，不能为改革创新、制定恰当的教学策略、提高教学效率提供坚实的数据基础。

研究表明，学业自我概念和学业自我效能感是重要的学业自我认知构念，与学生对知识和认知技能的掌握密切相关。但现有研究未涉及中国德语专业学生，因此，其学业自我认知的水平、特征和这两者与学业成绩的关系，尚不得而知。这势必不利于德语教师制定恰当的教学规划和策略来提升教学效率。冯小俐博士首次以该群体为被试，使用实证研究方法，探讨学业自我认知构念与德语专业成绩的关系，并构建相应的关系模型。

具体来讲，在对国内外众多相关文献进行细致梳理后，冯小俐博士认为已有研究尚存以下不足：①缺乏测量德语专业学生的学业自我认知构念的工具；②比较同一学科的不同自我认知构念与学业成绩关系的研究较少；③考察同一自我认知构念的不同学科侧面与学业成绩关系的研究较少；④探讨学业自我认知与学业成绩关系的纵向研究较少。

针对以上不足，该书首先引进德国高质量的一般学业自我概念量表、学科自我概念量表和一般学业自我效能感量表，并在一般学业自我效能感量表的基础上编制学科自我效能感量表。该书不仅为中国德语专业学生打造了专门的学业自我认知构念量表，丰富了学业自我认知构念测量领域的相关工具，还为编制高质量的且具有时间经济性的量表提供了新视角。

该书在国内首次考察德语专业学生的一般学业和四门学科（德语、语文、英语、数学）自我概念、效能感在学校类型和年级方面的特征，得出德语自我概念及效能感水平低下且无显著的学校类型差异和年级差异的结论。这不仅将引发德语教师的思考，而且为德语教学的创新改革提供了一个重要方向。

此外，该书在国内首次将学生的智力因素（语言智力）与非智力因素（学业自我概念和效能感）结合起来，考察它们与德语专业成绩的关系，并构建相应的关系模型。结果发现，德语学业自我认知构念与所有成绩指标的关系十分密切，而语言智力仅与个别成绩指标相关，并且德语学业自我概念在德语学业自我效能感与所有成绩指标之间充当完全中介变量，语言智力的调节作用不充分。这些结论都给予德语教师以重要启示，也为他们提升学生的德语学业自我认知水平、制定相应的干预措施提供了解决路径。

该书在国内首次将纵向研究与横向研究结合起来，考察德语学业自我认知构念之间及其与成绩的交互关系，得出“德语学业自我认知主要受学业成绩影响”的结论，而学界目前流行的观点，即学业自我认知构念与学业成绩具有交互关系，未在该书中得到验证；学生在第三学期末的德语自我概念能显著预测他们在第四学期的德语自我效能感；他们的综合德语、口语、听力和听写等课程成绩对其德语学业自我认知构念的预测效应较突出。这些结论一方面为德语教师阐明了德语学业自我认知水平低下的主要原因，另一方面也为促进教学提供了时间节点和尤为重要的具体课程。

总之，该书基于新被试、多变量和多方法，加之理论思考严谨、设计构想巧妙，取得了诸多新的且令人信服的结论，不仅为中国德语教学的研究提供了新思路、新方法，也为德语教学的创新、改革展示了一种具有可操作性的途径。

冯小俐博士谙熟德语教学，且专门从事教学心理研究，我相信，她凭借跨学科的优势和严谨、执着的学术态度，一定能在德语教学研究领域收获更多佳绩。

是为序。

文　旭

2018 年 10 月 8 日于西南大学

前　言

自詹姆斯（James）于 1880 年提出“自我”理论以来，“自我”的许多侧面，如自尊、自控、自我概念、自我效能感等因具有重要的行为定向和调节功能而颇受研究者青睐。其中，自我概念和自我效能感尤受关注。

现在，心理学学者普遍认为，自我概念和自我效能感均具有层级结构。在一般自我概念之下是学业自我概念和非学业自我概念。学业自我概念之下又有特定学科的自我概念，如英语自我概念、数学自我概念、历史自我概念；非学业自我概念之下是社会的、情绪的、身体的自我概念。同样，自我效能感也有一般与特殊之分，如班杜拉（Bandura）认为自我效能感有学业的、社会的、身体的三个维度，另外，许多实证研究证明，学业自我效能感也具有学科性。

国内外众多实证研究已探讨过这两个学业自我认知构念与

学业成绩的关系。元分析发现，它们均与学业成绩相关。但是，目前缺少以德语专业学生为被试的相关研究。近年来，我国对德语专门人才的需求不断扩大，相应地，德语专业教育迎来前所未有的兴旺局面。可是，至今国内的德语教学研究始终还是偏向经验总结和思辨分析。

另外，探讨这两个学业自我认知构念与学业成绩关系的研究方面尚存在以下不足：较少比较同一学科的不同自我认知构念或同一自我认知构念的不同学科侧面与学业成绩的关系；很少有纵向研究探讨这两个学业自我认知构念与学业成绩的交互关系。这些不足，导致现有研究不能直接且有说服力地证明这两个学业自我认知构念之间或同一个自我认知构念的不同学科侧面之间的关系，也不能说明它们在解释学业成绩变异量时各自独立的和共同的贡献，更不能测量学业自我认知构念的变化和解释它们之间及其与学业成绩的交互关系。

笔者认为，这些不足存在的原因很大程度上在于测量工具。目前，国内外量表大多冗长、费时，不能快速而高效地同时测量学业自我认知构念的三个或更多的侧面。而德国的“Differentielles schulisches Selbstkonzept-Gitter mit Skala zur

Erfassung des Selbstkonzepts schulischer Leistungen und Fähigkeiten”（一般学业自我概念量表及表格式学科自我概念量表）（Rost，Sparfeldt & Schilling，2007）则在学业自我概念的测量领域填补了这一空白。它们可在十分钟内高效且快捷地同时测量学生的一般学业自我概念和对六门学科的自我概念。德国的“Schulbezogene Selbstwirksamkeitserwartung，WIRKSCHUL”（一般学业自我效能感量表，Jerusalem & Satow，1999）也具有高信效度和时间经济性。因此，笔者拟引进这些量表并借鉴学科兴趣量表（Sparfeldt，Rost & Schilling，2004）的编制经验，为中国德语专业学生修编学科自我效能感量表，并以此为基础，探讨其学业自我认知与德语专业成绩的关系。

本书共五章。第一章为研究概述，主要涉及研究背景。第二章为量表修编。第三章探讨学业自我认知构念的学校类型和年级特征。第四章考察学业自我认知构念与专业成绩的关系，同时以语言智力为附加变量，构建它们与成绩的关系模型。第五章为纵向研究，考察德语学业自我认知构念之间及其与成绩的交互关系。

本书在撰写过程中得到了西南大学心理学部教育心理学专业导师组和西南大学外国语学院领导们的帮助和支持。在本书出版之际，特向张大均教授、文旭教授和刘承宇教授致以最诚挚的谢意，也感谢其他给予我无私帮助的老师和同事。

由于笔者水平有限，书中疏漏之处在所难免，恳请专家、读者不吝赐教。

冯小俐

2018 年 8 月于西南大学

目　　录

第一章 研究概述

第一节 问题提出

一、学业自我概念、学业自我效能感是重要的学业自我认知构念

自詹姆斯于 1880 年首次提出“自我”概念并把自我分为“主体我”与“客体我”（柴瑞琴、吉哲明，2009）以来，“自我”及其侧面（自尊、自控、自我概念、自我效能感）都属于心理学中的重要构念（Feng，Wang & Rost，2017，2018）。其中自我概念和自我效能感的重要性尤为突出（如 Köller & Möller，2018；Moschner & Dickhäuser，2018；韩映雄、李超，2017；洪帅，2018；李丽，2018；易芳等，2017）。

自我概念是“关于自己的比较稳定的总看法，它既描述也评价自己的行为和特征”（Piers，1984：1），或是“与自己相关的比较稳定的总认知和评价”（Mummendey，1987：

34）。自我效能感是“个体对自己有能力组织和实施行为过程以便实现特定目标的信心程度”（Bandura，1997：3）。已有研究表明，“与自我相关的认知在行为过程（行为预期、行为实现、行为评价）的所有阶段都具有潜在的重要作用”（Moschner & Dickhäuser，2018：761）。

班杜拉（Bandura，1997）自我效能感理论的中心观点就是，行为的引发、与此同时投入的努力强度和行为的持久性，在导致厌恶性经验的情况下主要受自己的效能感影响。自我概念同样具有重要的行为定向和调节作用（Zimmerman & Schunk，1989；Pintrich，2004；Schunk & Usher，2011；Mega，Ronconi & De Beni，2013），尤其当基于特定领域预测特定行为时，与自我相关的认知所具有的行为调节功能表现得尤为突出（Moschner & Dickhäuser，2018），因此它属于“社会学中最重要的构念之一”（Möller et al.，2009：1129）。

学业自我概念、学业自我效能感分别是自我概念、自我效能感的一个维度。研究发现，个体主观的能力评价对其学业成绩具有特别重要的作用（Hansford & Hattie，1982；Multon，

Brown & Lent，1991；Bong & Skaalvik，2003；Robbins et al.，2004；Marsh & Craven，2006；Richardson，Abraham & Bond，2012；Glasser & Weinstein，2013；Schunk & DiBenedetto，2014；Honicke & Broadbent，2016；Çikrikci，2017；Dulay，2017）。例如，Jerusalem 和 Mittag（1999）、Zimmerman（1995）发现，与高自我效能感的学生相比，低自我效能感的学生偏爱尝试简单任务，在困难任务面前表现出低水平努力意愿和坚持性。Meyer（1984）发现，根据能力自我概念的差异可以预测成就情境中的具体行为（在解决不能被解决的任务时的坚持性）的差异。因此，学业自我概念、学业自我效能感与学业成绩联系紧密：学业自我概念“有别于一般自我概念，并与学业成绩和学业行为存在着高相关，是预测个体学业成就……的敏感因素”（郭成、何晓燕、张大均，2006：135）；“即使控制认知能力，也能解释值得一提的学业成绩差异”（Rost，Sparfeldt & Schilling，2007：8）；学业自我效能感“影响学业成绩，学业自我效能感水平越高，学业成绩越好”（Köller & Möller，2018：760），“能够有效预测学生学业成绩的高低”（魏秀超、张英锋，2014：117）。总之，学业自我概念和学业自我效能感是教育心理学中十分重要的学业自我认知构念。

二、迄今研究尚未涉及中国德语专业学生

德语主要是德国人、奥地利人的母语，其中，德国堪称“欧洲经济发动机”。近年来，随着我国改革开放程度的加深，中德在经济、科技、文化等领域的合作日益密切，因此，我国需要较多精通德语的专门人才。在这样的时代背景下，中国德语专业学生的规模越来越大，这可从参加全国德语专业四级考试的学生数量逐年增长中窥见一斑。例如，2000年有来自全国 19 所高校的 708 名学生参加考试（钱敏汝等，2008），2018 年则有来自全国 113 所高校的 5938 名学生参加考试（该数据源于高校外语专业教学测试办公室德语测试组/全国高校德语专业四级考试中心），并且学校类型多样，包括公办本一、公办本二、独立及民办本二、本三院校、大专院校。

然而，国内的教学实证研究似乎很忽视德语专业学生这个群体。笔者在中国知网上检索了国内 11 种外语类核心期刊在 1994 年至 2018 年 6 月发表的教学科研论文，没有发现一篇与德语专业学生相关的实证研究文章。迄今的德语教学研究仍停

留在经验加思辨的分析上。显然，这既不与德语专业招生规模急剧扩大的教育现实相匹配，又不符合国内外学者早已提出的用科学的方法、用现代化的统计和测量手段对教育、教学进行量化分析的主张（如陈荣歆，2000；刘润清，1999；王克非，1995；Beck & Krapp，2006；Klauer，2006；Krapp，2006；Möller，Zaunbauer & Leucht，2018）。

众所周知，学业成绩是学生学业发展状况的外在表现（陆星月等，2018），是学校、教师、家庭以及学生密切关注的对象，是学生最为重要的学业成就（韩映雄、李超，2017）。使学生获得良好的学业成绩是教育工作者追求的一个重要教育目标。然而，德语是一门公认难学的外语（陈晓春，1996；欧风，2005），加上学生在大学入学时往往不具有德语基础，因此学生很难取得优良成绩。刘润清（1999：7）指出："外语教学中的科研就是找出影响外语学习成绩的那些变量（因素）以及这些变量与学习成绩之间的相关关系。"以上分析提示，学业自我概念和学业自我效能感是与学业成绩密切相关的非智力核心变量（Richardson，Abraham & Bond，2012）。那么，它们与德语专业成绩具有怎样的关系呢？是否完全与已有研究结论一致呢？显然，笔者在进行实证研究之前，是不可贸然地用以往研究结论回答这些问题的。

鉴于这两个学业自我认知构念对学业成绩的重要性以及国内德语教学研究的现状，本书拟以中国德语专业学生为被试，运用心理测量学方法，采用横向研究与纵向研究相结合的设计，探讨这两个学业自我认知构念与德语专业成绩的关系，因此，从该意义上讲，本书具有重要的理论意义和实践价值。

第二节　学业自我认知构念的研究现状

一、相关概念

（一）学业自我概念

学业自我概念迄今无统一定义。有的研究者从认知角度来界定，如 House（1992，引自郭成、何晓燕、张大均，2006）认为，学业自我概念是指学生对其学业能力的自我知觉，是学生对自己在学业任务中能否获得成功，能否掌握某一具体的、确定的学业任务的预期和判断；有的学者从评价角度界定，认为学业自我概念是学生对自己在学业任务中的表现或能力高低的评价，还有学者综合了以上两种观点。例如，李叶和田学红（2002）认为，学业自我概念是学习者对自身学业方面的知觉和评价。但目前国外大多数研究者认为，学业自我概念包含认知—描述和评价—情感两方面，因为“这两方面之间存在高相关，缺乏无懈可击的证据证明它们的区分效度”（Rost，Sparfeldt & Schilling，2007：9）。国内学者郭成、何晓燕和张大均（2006）也认为，学业自我概念包含认知、情感和评价三种不同的心理成分。

综上，笔者认为，无论是从认知还是从评价角度来界定学业自我概念，都仅强调了其中的某一种侧面。学业自我概念的单个侧面不仅具有描述的性质，个体在评价时也是带有情感的。因此，研究者应全面理解学业自我概念这一构念。鉴于此，笔者认同国内学者的定义：“学业自我概念就是指个体在学业情境中形成的对自己在学业发展方面的比较稳定的认知、体验和评价。”（郭成、何晓燕、张大均，2006：133）

（二）学业自我效能感

学业自我效能感是班杜拉提出的自我效能感的一个侧面。学界对其定义表述得不尽相同，边玉芳（2004）、黄忆春和张燕燕（2009）、张田和傅安球（2011）等学者倾向于认为，学业自我效能感指个体的学业能力信念，是学习者对自己能否利用所拥有的能力或技能去完成学习任务的自信程度的评价；王伟、雷雳和王兴超（2016）认为，学业自我效能感是个体对自身成功完成学业任务所具有能力的判断与自信。德国学者Jerusalem（2016）将学业自我效能感理解为个体对凭借自身能力解决新且难的学业任务的主观把握性。纵览相关文献，笔者发现，研究者在探讨学业自我效能感时一般都强调非易情境和主观信念。因此，本书也认为，学业自我效能感是指“学习者对自己即使在较困难的内、外部条件下也能实现与广义学业目标相关的行为的信心”（Feng，Rost & Zhang，2015：160）。

（三）学业自我概念与学业自我效能感的主要区别

学业自我概念与学业自我效能感之间具有很高的相关性。例如，Stankov 等（2012）发现，在学科层面上测得的数学自我概念与数学自我效能感的相关系数（r）为 0.66，英语自我概念与英语自我效能感的相关系数为 0.56；在 Bong 等（2012：336）的研究中，在潜变量层面上，测量工具不同，学业自我概念与学业自我效能感的相关也有所不同：数学自我概念与数学自我效能感的相关系数分别为 0.91 和 0.84，语言学科自我概念与语言学科自我效能感的相关系数分别为 0.97 和 0.80。这些高的相关程度使“许多研究者在尝试用实证方法来区分它们时感到十分痛苦”，因此，一些研究者视二者不可分：“这些学业自我效能感测量值几乎不能与学业自我概念测量值区分开来”（Skaalvik，E. M. & Skaalvik，S. ，2011：246）。

但另一方面也有实证研究表明二者是可区分的（Pajares & Schunk，2001；Bong & Skaalvik，2003；Ferla，Valke & Cai，2009），并且至少在一些研究中，二者的相关程度不是很高。Huang（2012）的元分析表明，学业自我概念与学业自我效能感的相关系数为 0.43。他还指出，在关于 2003 年和 2006 年的 PISA（Programme for International Student Assessment，国际学生评估项目）研究中，数学自我概念与用特定任务测量的学业自我效能感的相关系数为 0.31，在基于德国的 PISA 数据的研究中，与数学相关的自我概念量表与自我效能感量表的相关系数为 0.76（Kriegbaum，Jansen & Spinath，2015），在 Schoreit（2016）的研究中，二者的相关系数为 0.54。

另外，Köller 和 Möller（2018）也列举了 Bong 和 Clark

（1999）以及 Skaalvik 和 Bong（2003）总结的二者在以下几方面的区别。

（1）结构维度。学业自我效能感一般局限于完成一项任务时自我感知的能力，而学业自我概念的侧面更广，包括评价的（我比别人好/差）、情绪的（我喜欢/讨厌数学）和认知的（我的数学好/差）等侧面。

（2）比较框架。特定学科的自我概念通常是社会和维度比较的结果（Möller & Köller，2004；Möller & Marsh，2013；Parker et al.，2014），即学习者将自己的某一课程成绩与同学的该门课程成绩以及与自己其他课程成绩进行比较而形成的。这一点表现在 Marsh（1974）的内外参考框架模型（Internal/External Frame of Reference Model，简称 I/E 模型）上。据此模型，一门学科（如数学）的成绩对特定学科（数学）的自我概念有明显正效应（社会比较的结果），而其他一门学科（语言）的成绩则对该学科的自我概念有负效应（维度比较的结果）。而自我效能感则相反，许多研究者认为，它主要基于过去在完成相同或相似任务时所积累的经验（时间比较框架）。

（3）整体性和结构。Shavelson、Hubner 和 Stanton

（1976）的模型及其修订版显示，自我概念具有多维性，并且可分为“言语的”“数学的”“社会的”“情绪的”和“身体的”等彼此独立的侧面。对于自我效能感，虽然班杜拉（1997）认为，它也可分为“学业的”“社会的”“情绪的”和“身体的”等维度，但研究者通常在更具特殊性的层面，即在等级模型中的较低层面上测量自我效能感。

（4）操作性定义。自我效能感的操作性定义严格遵循班杜拉（1977a）提出的构念定义。通常，相关题项测量一个人相信自己在面临需解决的任务时能够表现出特定行为。这种操作性定义之所以常被选择，是因为当题项的特殊性程度很高时，它们对实际成绩的预测力最大（参见 Bandura，1986，1997；Hansford & Hattie，1982；Zimmerman，2000）。但文献中也有一般化的题项（如 Schwarzer，1994；Usher & Pajares，2009）。

测量学业自我概念侧面的工具通常更具一般性和异质性，这是因为它们通常包含表达评价、认知和情感的题项。但在此期间，就像自我效能感研究一样，自我概念研究越来越呈现出在特定学科层面上测量自我概念和自我效能感的趋势（Feng，Rost & Zhang，2015，也参见 Jansen，Scherer & Schroeders，

2015）。

（5）情境特殊性。研究者基于特定学科（如 Rost, Sparfeldt & Schilling，2007），在更宽泛的领域测量学业自我概念，而学业自我效能感则相反，测量——视研究而定——是以特定领域以及特定学科和/或特定任务为基础的。

（6）与学业成绩的交互关系。研究者较一致的看法是，学业自我概念和学业自我效能感均与学业成绩有交互关系（对于自我概念，可参见 Marsh & Möller，2004；Retelsdorf, Köller & Möller，2014；对于自我效能感，可参见 Hwang et al.，2016；Zimmerman，2000）。不过，Bong 和 Clark（1999）认为，自我效能感对学业成绩的效应强于成绩对自我效能感的效应（但 Hwang 等在 2016 年的研究中得出了相反结论），而成绩对学业自我概念的作用超过学业自我概念对成绩的作用。

从以上分析可以看出，学业自我概念与学业自我效能感之间存在差异。国内研究者也倾向于认为自我概念和自我效能感是两个不同构念，如张春兴（1989；引自边玉芳，2003）就明确区分了自我概念和自我效能感：自我效能感是指个体对自己从事某种工作所具有的能力以及对该工作可能做到的地步的一种主观评价；自我概念指个人对自己多方面知觉的综合。

鉴于以上的分析比较，本书也将二者视为两个虽有联系但可区分的构念。

二、学业自我认知构念的维度与测量

（一）学业自我概念的维度与测量

1. 维度

Shavelson、Hubner 和 Stanton（1976）的自我概念等级结构模型显示，学业自我概念位于一般自我概念之下，学业自我概念又可分为具体的学科自我概念，如英语自我概念、历史自我概念、数学自我概念等。该模型得到众多实证研究的证明。例如，Shavelson 和 Bolus（1982）对 99 所高中的研究表明，一般自我概念与一般学业自我概念的相关系数为 0.48，一般学业自我概念与学科自我概念的相关系数为 0.52~0.73，而一般自我概念与学科自我概念的相关系数为 0.26~0.34。这种相关度减弱的现象，证明自我概念具有等级性和多维性的特点，同时也表明，学业自我概念具有学科性。

2. 测量

测量自我概念的方法很多。Mummendey（1987，2006）

列举了文献中出现的不同方法，如形容词检选表、Q 分类技术、语义分析法、投射测验和问卷。其中，问卷被广泛使用。“问卷通常包含与自我相关的陈述或被试需对其进行表态的问题”（Mummendey，1987）。

目前，国外已有较多测量学业自我概念的量表，如 Biermann（2003）列举了英语语言区的“Perception of Ability Scale for Students”（学生能力感知量表，Boersma & Chapman，1992）、“Academic Self-Concept Scale”（学业自我概念量表，Reynolds，1988）、“Self-Description Questionnaires（SDQ）”（自我描述问卷，Marsh et al.，1984）和“Academic Self-Description Questionnaire Ⅱ”（学业自我描述问卷Ⅱ，Marsh，1990）。其中，Marsh 的问卷在世界范围内被广泛使用。

德语语言区知名的标准化学业自我概念问卷有“Die Frankfurter Selbstkonzeptskalen”（法兰克福自我概念量表，Deusinger，1986）、“Skalen zur Erfassung des schulischen Selbstkonzepts（SESSKO）”（学业自我概念量表，Schöne et al.，2012）、“Differentielles Schulisches Selbstkonzept-Gitter mit Skala zur Erfassung des Selbstkonzepts schulischer Leistungen und

Fähigkeiten”（一般学业自我概念量表及表格式学科自我概念量表，Rost，Sparfeldt & Schilling，2007），其中，Rost教授和其同事编制的量表在德国被广泛使用。

在国内，学者们运用较多的是 Marsh 等的自我描述问卷中文修订版。例如，徐富明、施建农和刘化明（2008）选用“自我描述问卷”中的三个分量表（一般学业自我概念、语文自我概念、数学自我概念），测量中学生的三种学业自我概念；陈京军、吴鹏和刘华山（2014）采用该问卷中的数学自我概念量表，测量初中生的数学自我概念；陈晓惠和石文典（2016）采用该问卷中的学业自我概念量表测量儿童和青少年的一般学业自我概念；查李妹、王晓春和徐叶梅（2017）使用该问卷中的学业自我概念量表，测量农村留守初中生的学业自我概念。

另外，我国学者近年来在尝试编制本土化的学业自我概念量表上取得了一些成绩。例如，郭成、赵小云和张大均（2011）编制了含 4 个维度（学业能力知觉、学业行为自控、学业情感体验、学业成就价值）、共 44 个题项的青少年一般学业自我概念量表；万鹏涛、陈彩霞和方芳（2016）编制了含 3 个维度（学业自我意识、学业自我调控、学业自我体验）、共 20 个题项的大学生一般学业自我概念量表；苏军帅（2017）编制了含 5 个维度（专业自我、学习行为、学业动机、学业效能、学业自我评价）、共 45 个题项的大学生一般学业自我概念量表。

（二）学业自我效能感的维度与测量

1. 维度

和学业自我概念一样，学业自我效能感也具有层级性（Köller & Möller，2018），这反映在一般及特殊学业领域的自我效能感与学业成绩的关系具有不同强度的研究结论中：边玉芳（2006）采用德国学者 Jerusalem 和 Schwarzer（1981）编制的一般自我效能感量表和自编的一般学业自我效能感量表、与数学和英语等具体学科任务相关的自我效能感量表，考察了不同层面上的自我效能感与学生的总成绩、数学成绩和英语成绩的关系。结果发现，这些自我效能感与三项成绩的相关度不一致，其中，与学科相关的自我效能感与总成绩的相关程度均高于一般学业自我效能感和一般自我效能感与总成绩的相关程度，并且在进一步的回归分析中，各种层次的自我效能感尽管都对学业成绩产生影响，但是特殊的自我效能感对相应特殊的领域的学习成绩影响最大。又如，韩国学者Bong（1997，2002，引自章少哨，2017）分别以美国中学生和韩国高中生为对象，证明了特殊问题、特殊领域、特殊任务的自我效能感对相应领域的学习成绩有较强的预测作用，但一般学业自我效能也是存在并起作用的。这些研究结果表明，学业自我效能感具有层级性。

2. 测量

正如上述关于维度的研究所证明的那样，与特定内容无关的自我效能感量表（如Beierlein et al.，2013）因具有一般性而不能很好地预测学业成绩。例如，在吴喜艳和张庆宗（2009）的研究中，一般自我效能感与高考英语成绩的相关不显著（$p > 0.05$）。学业自我效能感量表的预测力则更大些，如在王伟、雷雳和王兴超（2016）的研究中，一般学业自我效能感与一般学业成绩的相关系数为 0.29（$p < 0.05$）。就像测量学业自我概念一样，学界也有测量一般学业自我效能感的高质量量表（Martin，2010），如德国的“Schulbezogene Selbstwirksamkeitserwartung，WIRKSCHUL”（一般学业自我效能感量表）（Jerusalem & Satow，1999）就具有良好的信效度和时间经济性（Feng，Rost & Zhang，2015）。

现在，国内外学者都认识到，一般学业自我效能感因不涉及具体领域，而对学业成绩的预测力不大。当前研究已日益关注学科取向的自我效能感（张野、张焕，2008；Köller & Möller，2018）。

另外，研究发现，测量学业自我效能感的题项与任务越一致，其相关程度一般也越高，但是 Pajares（1996：563）指出，内容上的一致性不应“被错误地设计为极端的情境特殊性，该特殊性把对效能感的测量降低至原子水平”。因此，对于许多教育心理学领域的问题而言，在学科层面上测量学业自我效能感就是一条介于狭隘的任务测量与宽泛的测量之间可被接受的中间道路（Bong，1997；Feng，Rost & Zhang，2015；Hornstra，van der Veen & Peetsma，2016）。

目前，国外已有一些测量单门学科自我效能感的问卷，通常用于测量数学（如 Nielsen & Moore，2003；Organization for Economic Cooperation and Development，2005；Usher & Pajares，2009；Parker et al.，2014）、生物（Baldwin，Ebert-May & Burns，1999）、化学（Hank，未标注年份）、物理（Schröter & Erb，2007）、阅读和正字法（Shell，Colvin & Bruning，1995；

Faber，2010）以及作为外语的英语（Wang et al.，2013）。

国内学者使用的学业自我效能感问卷大致分为三类：第一类是国外问卷的中文修订版，如王艳侠、曹宇腾和唐先丽（2013）采用“MORGAN-JINKS STUDENT EFFICACY SCALE（MJSES）”的中文修订版，测量高中生的学业自我效能感；第二类是在国外量表基础上自编的问卷，如周勇和董奇（1994）以及李荟等（1998）根据Gibson和Dembo（1984）编制的教师功能量表、王振宏（1999）和梁宇颂（2000）根据Pintrich与De Groot（1990）的自我效能感问卷编制的学业自我效能感问卷；第三类是学者结合自己的研究编制的问卷，如边玉芳（2004）编制了含2个分量表、10个分测验、63个题项的一般学业自我效能感量表，魏源（2004）编制了含25个题项，由学习能力效能感因素和学习行为效能感因素组成的大学生一般学业自我效能感量表。在这些不同类型的量表中，不乏测量数学、物理、英语等学科自我效能感的问卷（如何先友，1998：数学自我效能感量表；曹晓燕等，2006：物理自我效能感量表；张野、张焕，2008：英语自我效能感量表）。

三、学业自我认知构念与学业成绩的关系

（一）学业自我概念与学业成绩的关系

1. 国外研究

众多研究表明，学业自我概念能解释大中小学生的大部分学业成绩变异量（Hansford & Hattie，1982；Huang，2011，2012；Marsh，2007；Parker et al.，2014；Seaton et al.，2014）。学习者的学业自我概念水平越高，就越有动力去提高学业成绩。不过，究竟是学业自我概念影响学业成绩（自我—增强模型），还是学业成绩影响学业自我概念（技能—发展模型），目前学界尚无定论。现在大多数研究者支持交互影响模型，即学业自我概念既影响学业成绩，又受学业成绩的影响，这一点在有较多学习经验的儿童和青少年身上表现得最为充分（Guay，Marsh & Boivin，2003；Huang，2011；Marsh，2007；Marsh & Craven，2006；Marsh & Martin，2011；Seaton et al.，2014；Valentine，DeBois & Cooper，2004）。

另外，自我概念与学业成绩涉及的内容领域越一致，二者的关系就越紧密，反之越弱（Brunswick 对称性原则，Wittmann，1995）。例如，一般自我概念与学业成绩仅有弱相

关，学业自我概念与学业成绩的关系则更密切。在Hansford和Hattie（1982）的经典元分析中，学业成绩与一般自我概念的平均相关系数为 0.18，与学业自我概念的平均相关系数则为0.42。Möller 等（2009）的元分析结果也得出类似结果：数学自我概念与数学测验成绩的平均相关系数为 0.37，母语学科的自我概念与母语测验成绩的平均相关系数为 0.33。对元分析的再分析也得出了类似结果（Hattie，2013；Glasser & Weinstein，2013；Dulay，2017）。就具体的单项研究而言，结果也接近：Kriegbaum、Jansen 和 Spinath（2015）考察了数学自我概念与 PISA 研究中间隔一年测量的两次数学测验成绩的关系，结果发现，若是一般的、即与特定任务无关的数学自我概念，二者的相关系数为 0.25 和 0.26，涉及具体学业任务的自我概念时，相关系数则为 0.49 和 0.45；Schilling 等（2005）也发现，一般学业自我概念与德语（母语）学业成绩的相关系数为 0.35，德语自我概念与德语成绩的相关系数为 0.57；Rost、Sparfeldt 和 Schilling（2007）同样发现，在 7 项研究中，一般学业自我概念与英语（外语）成绩的相关系数最大为 0.43，最小为 0.29，中数为 0.36；英语（外语）自我概念与英语（外语）

成绩的相关系数最大为 0.64，最小为 0.54，中数为 0.59。

2. 国内研究

国内对学业自我概念与学业成绩的关系的研究虽起步于 21 世纪（李雪萍，2015），但迄今已取得不少成果。不过，目前尚无关于二者关系的元分析。就单项研究而言，结论与国外的基本一致：一般学业自我概念与一般学业成绩呈正相关（姚计海、屈智勇、井卫英，2001；郭成，2006；路平、刘聪颖、夏福斌，2016），也与单科（如语文、数学、物理）成绩呈正相关（陈国鹏、崔丽娟，1997；周国韬、贺岭峰，1996；马惠霞、郭宏燕、张泽民，2010）。另外，单科自我概念与对应学科成绩呈正相关（物理：刘晓陵、张进辅，2000；英语：张昭苑，2006；柴瑞琴、胡姝昀，2009）。

在迄今有关二者关系的研究结果中，非常引人注目的是徐富明、施建农和刘化明（2008）以及董小红（2010）的研究结果，他们都使用 Marsh 的“自我描述问卷”中的学业自我概念分量表中文版，测量被试的一般学业自我概念、数学自我概念和语文自我概念，结果显示，这些学业自我概念与学业成绩的关系，完全符合上文提及的“Brunswick 对称性原则”。在徐富明、施建农和刘化明的研究中，一般学业自我概念与语文、数学成绩的相关系数分别为0.27和0.39，而语文自我概念与语文成绩的相关系数为 0.36，数学自我概念与数学成绩的相关系数为 0.45；在董小红的研究中，一般学业自我概念与语文成绩、数学成绩和英语成绩的相关系数分别为 0.29、0.31 和 0.42，而语文自我概念与语文成绩、数学自我概念与数学成绩、英语自我概念与英语成绩的相关系数分别为 0.46、0.58 和 0.64。

国内外的这些研究结果表明，在考察学业自我概念与学业成绩关系时，应考虑特定领域的内容特点，并遵循 Brunswick 对称性原则。

（二）学业自我效能感与学业成绩的关系

1. 国外研究

国外研究者普遍认为，学业自我效能感与学业成绩呈显著相关（Köller & Möller，2018）。1991 年，Multon、Brown 和 Lent 对 1981 年~1987 年的包含 4998 名被试的 36 项研究进行了元分析，结果发现，自我效能感与学业成绩的相关系数为 0.38，并且自我效能感能所解释的成绩变异量约为 14%。在 Robbins 等（2004）的元分析中，自我效能感与学业成绩的平均相关系数为

0.38。Huang（2012）对包含 74 个独立样本（共 24 777 名被试）的 64 项研究和三年的 PISA 数据（2000 年 78 206 名被试；2003 年 244 547 名被试；2006 年 351 994 名被试）的元分析也表明，学业自我效能感与学业成绩呈显著相关，相关系数为 0.39。

另外，从理论上讲，学业自我效能感与学业成绩的关系也应呈现出上述学业自我概念与学业成绩关系的特点（Feng，Rost & Zhang，2015），即二者涉及的内容领域越一致，相关程度就越高。例如，德语自我效能感与德语成绩的关系就应比一般学业自我效能感与德语成绩的关系密切（Brunswick 对称性原则：Wittmann，1995）。事实上，一些研究也得出了这样的结论：如 Richardson、Abraham 和 Bond（2012）发现，一般学业自我效能感与平均绩点（Grade Point Average，GPA）的相关系数为 0.31；Sparfeldt（2000）发现，德语自我效能感与德语成绩的相关系数为−0.404（注：在德国，成绩越好，所对应的等级越低，故相关系数为负值）；在 Jiang 等（2014）的研究中，数学自我效能感与数学成绩的相关系数为 0.51（课堂情境）和 0.58（测验情境）。

2. 国内研究

我国学者从 20 世纪 90 年代起就致力于研究学业自我效能感与

学业成绩的关系（如杨心德、徐钟庚、陈朝阳，1993；孙德军，1994；李荟等，1998；王振宏，1999），但国内尚无关于二者关系的元分析。不过就单项研究来看，结论与国外的基本一致。

首先是一般学业自我效能感与一般学业成绩的关系。例如，刘芳和侯金波（2015）发现，大学生的一般学业自我效能感与一般学业成绩（学分绩点）的相关系数为 0.16；刘瞳（2015）发现，初中生的一般学业自我效能感与一般学业成绩的相关系数为 0.27；在邱婷婷（2017）的研究中，高职院校英语专业学生的一般学业自我效能感的三个维度与一般学业成绩的相关系数为 0.21、0.25 和 0.32。显然，一般学业自我效能感与一般学业成绩的关系不甚密切。

其次是同一学科层面上的自我效能感与成绩的关系。例如，曹晓燕等（2006）发现，初二和初三学生的物理自我效能感与物理成绩的相关系数分别为 0.41 和 0.28。在张伟（2013）的研究中，初三学生的数学自我效能感与数学成绩的相关系数为 0.40。王幼琨（2016）发现，非英语专业学生的英语自我效能感的两个侧面与英语成绩的相关系数分别为 0.38（学习能力自我效能感）和 0.35（学习行为自我效能感）。显然，同一学科层面上的自我效能感与成绩关系较密切。这一点也明显地表现在同时考察了一般学业自我效能感和某领域自我效能感与具体学科成绩关系的研究中。例如，张静（2012）发现，高中生的一般学业自我效能感和语言学业自我效能感与英语成绩的相关系数分别为0.11和0.20。

由于成绩总是与内容相连，因此，根据自己的能力产生获得某种学业成绩的期待，是因内容领域而异的。国内外的这些研究结果表明，在考察学业自我效能感与学业成绩的关系时，也应考虑与成绩相连的内容领域，并遵循上述的“Brunswick对称性原则”。

第三节　本书对已有研究的批判性思考及拟解决的问题

一、批判性思考

（一）缺乏测量德语专业学生的学业自我认知构念的工具

上述分析表明，近年来国内学者对学业自我认知构念的测量非常重视，成果也很丰硕，但目前缺少为德语专业学生打造的专门测量工具。现有量表仅涉及一般学业自我认知和英语、数学、物理、化学、生物、语文、体育等专业或课程（章少哨，2017），这显然不符合当前德语教学与研究的现实需要。

（二）比较同一学科的不同自我认知构念与学业成绩关系的研究较少

在国内外的有关研究中，绝大多数未同时测量同一学科的不同自我认知构念。在同步分析自我认知构念的研究中，也主要涉及一般学业自我认知［Ferla，Valke & Schuyten，2010；Petersen & Whiteman，2007（该研究还考察了语言学科自我概念）］。如前述，一般学业自我认知与学科成绩的关系不甚密切，因此，从学科角度考察更为重要。可是，同时考察同一学科的不同自我认知构念的研究寥寥无几："比较和查明它们与成绩的关系的研究出奇得少"（Parker et al.，2014：29），"令人惊讶的是，迄今仅有少量研究对这两个构念进行比较"（Donat，Radant & Dalbert，2017：181）。

显然，这样的研究既不能直接且有说服力地查明构念之间的区别与联系，又不能说明它们在解释学科成绩变异量时各自独立的和共同的贡献。

（三）比较同一自我认知构念的不同学科侧面与学业成绩关系的研究较少

如前所述，国内外有关学业自我概念与学科成绩关系的研究主要涉及一门学科，少数涉及两门（一般是数学和母语），超过两门或更多学科的研究很少（Feng，Wang & Rost，2018）。尽管有学者（如郭成、何晓燕、张大均，2006）早就建议进行多学科自我概念的综合研究，但这种状况未得到根本改善（Feng，Wang & Rost，2018）。

学科自我效能感与学业成绩的关系研究也面临同样的问题："与此有关的研究，通常仅涉及一门学科（如数学）的自我效能感，很少有研究者对两门学科的自我效能感感兴趣，他们的研究几乎不涉及三门或更多学科"（Feng，Rost & Zhang，2015：161）。

众所周知，学习者一般都同时学习或已学过不同学科，具有相应的学科自我认知，这些自我认知与研究者所考察的特定学科成绩也有或多或少的联系。未同时分析同一自我认知构念的不同学科侧面的研究，既不能揭示各侧面的横向关系，又不能查明它们与特定学科成绩的关系。

（四）探讨学业自我认知与学业成绩关系的纵向研究较少

迄今，国内外有关学业自我认知与学科成绩关系的研究主要是横向研究。就少量的纵向研究而言，也很少同时考察学科自我概念和学业自我效能感这两个构念。例如，在国内屈指可数的纵向研究中，陈晓惠和石文典（2016）仅考察了中小学生的学业自我概念与学业成绩的关系。

横向研究虽省时、省力，但不能揭示变量之间的因果关系（Klauer，2006），而纵向研究则能测量变化和解释因果关系（马晶鑫，2010）。另外，未同时考察不同学业自我认知构念与学业成绩关系的纵向研究，不能比较出不同的自我认知构念与学业成绩的交互关系。因此，要提供学业自我认知构念与学业成绩关系的全面信息，宜采用横向与纵向研究相结合的设计。

二、本书拟解决的问题

笔者认为，之所以出现上述第一个问题，或许是因为国内德语教师对学业自我认知构念与学业成绩关系的重要性认识不够。国内德语教学研究尚停留在思辨分析上，这提示德语教学研究者应更新研究观念，采用科学、严谨的方法，而不能只是作“‘经验总结’、‘事后诸葛亮’式的工作报告”（刘润清，1999：7）。因为正如许国璋教授所言（王克非，1995：75）：“外语教学的文章要有调查资料，有实验数据，有理论指导；经验体会一类的文章是没有价值的。”

笔者认为出现上述其他不足的主要原因在于测量工具。目前，国内外大多量表冗长、费时，不能快速而高效地同时测量学业自我认知构念的三个或更多的侧面。众所周知，量表是否具有时间经济性在研究中十分重要，特别是对于大型研究而言，需测量的变量多，而研究者所能支配的测量时间又非常有限，因此，使用简明且优质的测量工具就特别重要（Feng，Wang & Rost，2017）。而许多流行量表的题项众多，被试答题时易失去配合兴趣。例如，国内研究者常用的 Marsh 的“自我描述问卷”，虽可测量不同的自我概念侧面，也有良好的信效度，但过于冗长，费时较多（张怀春，2004；沈静、姚本先，2006）。国内学者自编的问卷，除信效度有待证实外，一般也存在题项多、费时的问题（沈静、姚本先，2006）。显然，这样的量表难以保证施测质量。

鉴于以上问题，笔者认为，上文提及的在德国被广泛使用的“Differentielles schulisches Selbstkonzept-Gitter，DISK-GITTER”（表格式学科自我概念量表）能弥补多学科自我概念测量方面的缺陷。依笔者之见，该量表是国内外唯一一种表格式量表，正因如此，它可在很短的时间内（施测时间不超过 5 分钟）可靠而有效地同时测量学生对 6 门学科（物理、英语、生物、数学、德语、历史）的自我概念（Steinmayr，Spinath & Rindermann，2010），研究者可根据自己的研究计划决定学科数量。另外，该量表的有效性已在不同国家（德国、立陶宛、以色列）的许多研究中得到验证（Rost & Hoberg，1997；Schilling et al.，2005；Sparfeldt et al.，2007；Sparfeldt，Rost & Schilling，2004；Sparfeldt et al.，2005；Sparfeldt et al.，2006；Steinmayr & Spinath，2010）。故本书拟对该量表进行文化适应性检验，以便为中国的德语专业学生提供测量多学科自我概念的高质量的简明工具。

另外，上文提及的德国的一般学业自我效能感量表“Skala Schulbezogene Selbstwirksamkeitserwartung”（Jerusalem &

Satow，1999）同样为高质量的简明量表（Mittag，Kleine & Jerusalem，2002；Satow，2002；Satow & Schwarzer，2003）。鉴于国内外几乎没有可同时测量学生的三种或更多学科的自我效能感的简明工具，以及现有量表的题项通常因内容领域的变化而变化，使研究者难以阐释所测自我效能感之间的横向关系及其与外部效标的关系（Feng，Rost & Zhang，2015），本书首先拟参考上述表格式学科自我概念量表，借鉴 Sparfeldt、Rost 和 Schilling（2004）编制多学科兴趣量表的经验，为中国的德语专业学生修编质优且简明的多学科自我效能感量表。其次运用这些工具，在横向研究中探讨学生的多学科自我认知构念在学校类型和年级上的特征及其与德语专业成绩的关系。最后，采用纵向研究设计，进一步研究学生的德语学业自我认知构念与成绩的关系。

第二章　德语专业学生的学业自我认知构念量表修订

第一节　学业自我概念量表修订

一、引言

本书拟修订的表格式学科自我概念量表（Differentielles schulisches Selbstkonzept-Gitter，简称 DISK-GITTER）以一般学业自我概念量表（Skala zur Erfassung des Selbstkonzepts schulischer Leistungen und Fähigkeiten – 8Items，简称 SKSLF-8）为基础，旨在全面了解德语专业学生的学业自我概念，因此，本书在修订学科自我概念量表的同时，也修订一般学业自我概念量表。

如前所述，这两种量表来自德国，是教育心理学家、马尔堡大学心理学院教授 Rost 先生和其同事编制的。量表的理论基础是 Shavelson、Hubner 和 Stanton（1976）提出的自我概念等级模型。一般学业自我概念量表为单维度，仅有 8 个题项，如“在学习方面，我属于优生”。学科自我概念量表的题干与一般学业自我概念量表的题干相同，只不过将一般学校情境换成了不同学科。被试答题时，只需将不同学科对应于同一题干，而不必像完成其他量表那样重复读题。正是因为这种独特形式，学生可以愉快而高效地答题，从而保证了施测质量。

两种量表均采用 6 级计分（1 表示“完全不符”，6 表示“完全符合”）。一般学业自我概念量表的同质性（α）大小范围是 0.81~0.83，重测信度（r_{tt}）大小范围是 0.71~0.80（4~6 周），与 Marsh 编制的一般学业自我概念量表的相关系数为 0.73（Rost，Sparfeldt & Schilling，2007：45）。

表格式学科自我概念量表中的各分量表均为单维度，也采用 6 级计分（1 表示“完全不符”，6 表示“完全符合”）。量表的同质性（α）大小范围是 0.91~0.95，再测信度（r_{tt}）大小范围是 0.70~0.90（4~6 周）。用该量表测得的数学自我概念与用 Marsh 的自我描述问卷测得的数学自我概念的相关系数为 0.87，用这两种量表测得的德语自我概念的相关系数为 0.79（Rost，Sparfeldt & Schilling，2007：45）。

Rost等编制的这两种量表适合对初中生或更高年级的学生施测，并且既可单测，也可群测。

中国德语专业学生在校期间除了学习德语外，还学习语文、英语等语言学科。为全面考察学生的学科自我概念，笔者特意选择数学作为非语言学科代表，因此学科自我概念量表中的学科被确定为德语、语文、英语、数学。

二、方法

（一）被试

采取整群抽样的方法，在北京、重庆各抽取一所设有德语专业的高校，为该专业一至三年级学生发放量表共239份。在剔除回答不完整或具有明显规律的虚假作答量表后，获得有效量表227份。有效被试的构成如表2-1所示。

表2-1　有效被试的基本情况

学校所在城市		年级			性别	
北京	重庆	一年级	二年级	三年级	男	女
144	83	79	78	70	81	146

（二）量表翻译

为尽可能保留原量表的信息，笔者采用直译法进行翻译，而后请两位德语同事审阅，另请两位德语同事回译。在大家都认可译文后，请两位教育心理学专家审阅、定稿。

（三）施测

笔者为主试。按一般到特殊的原则施测一般学业自我概念量表和学科自我概念量表。为尽可能地保证回收率和学生答题质量，笔者在征得任课老师的同意后，以班为单位，在上课时间施测，并在学生答完题后马上收回量表。

（四）数据处理

采用 SPSS 16.0 软件对数据进行分析处理。

三、结果

（一）项目分析

相关分析的结果表明，题项与量表总分呈中高度相关（表 2-2）。这说明，题项与量表具有很高的同质性。

表 2-2　题项与量表总分的相关系数

量表名	相关系数范围
一般学业自我概念	0.641~0.849（$p<0.001$）
语文自我概念	0.815~0.902（$p<0.001$）
数学自我概念	0.821~0.923（$p<0.001$）
英语自我概念	0.837~0.923（$p<0.001$）

续表

量表名	相关系数范围
德语自我概念	0.786~0.889（p<0.001）

（二）因素分析

（1）KMO（Kaiser-Meyer-Olkin，凯泽-迈耶-奥尔金）样本适合性检验和巴特利特（Bartlett）球形检验的结果

笔者运用 KMO 样本适合性检验法和巴特利特球形检验法，考察数据是否适合进行因素分析。根据 Kaiser（1974，转引自吴明隆，2010）的观点，KMO 值越大（越接近 1 时），表示变量间的共同因素越多，变量间的净相关系数越低，越适合进行因素分析，进行因素分析的普通准则是 KMO 的值在 0.6 以上。表 2-3 呈现了相应的检验结果。这表明，所有量表均非常适合进行因素分析。

表 2-3 一般学业及学科自我概念量表的 KMO 样本适合性检验和巴特利特球形检验的结果

量表名	KMO	近似卡方分布（χ^2）	自由度（df）	显著性概率（p）
一般学业自我概念	0.894	951.018	28	<0.001
语文自我概念	0.940	1 686.911	28	<0.001
数学自我概念	0.943	1 831.981	28	<0.001
英语自我概念	0.939	1 932.468	28	<0.001
德语自我概念	0.941	1 429.312	28	<0.001

（2）主成分分析结果

笔者运用主成分分析法，不限定因素萃取个数，选择转轴法中的最大变异法，获得的结果如表 2-4 所示。

表 2-4　一般学业及学科自我概念量表的主成分分析结果

量表名	特征值大于 1 的因素个数	能解释方差的变异量	因素负荷	共同性
一般学业自我概念	1	58.044%	0.619~0.858	0.384~0.736
语文自我概念	1	74.989%	0.807~0.907	0.651~0.823
数学自我概念	1	77.488%	0.822~0.925	0.677~0.856
英语自我概念	1	78.485%	0.851~0.927	0.685~0.859
德语自我概念	1	70.995%	0.783~0.891	0.612~0.795

以上数据表明，各量表均为单维度，下文的因素陡坡图（图 2-1~图 2-5）也支撑该结论。

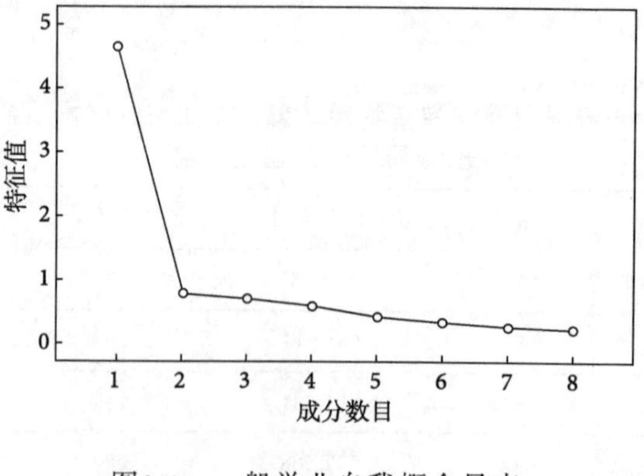

图2-1　一般学业自我概念量表

注：此图刻度为 SPSS 直接输出结果，该图示方式国际通行。全书此类刻度同此解释。

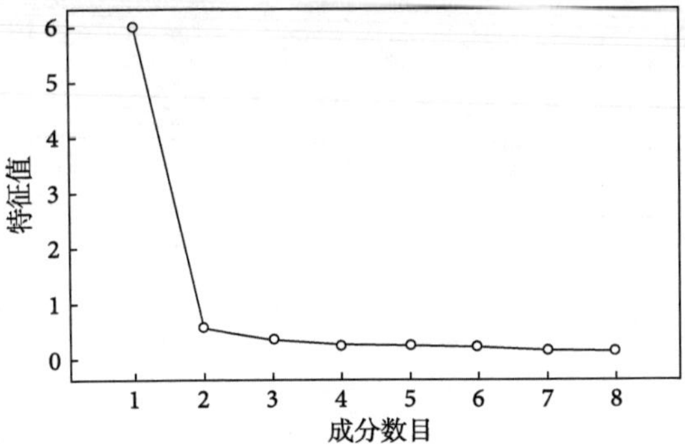

图2-2　语文自我概念量表

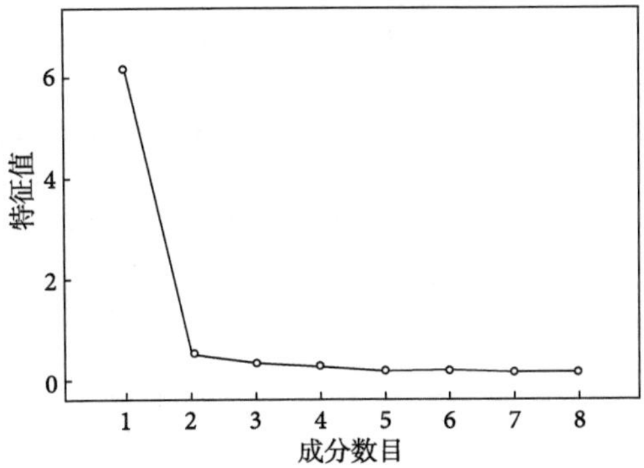

图 2-3　数学自我概念量表

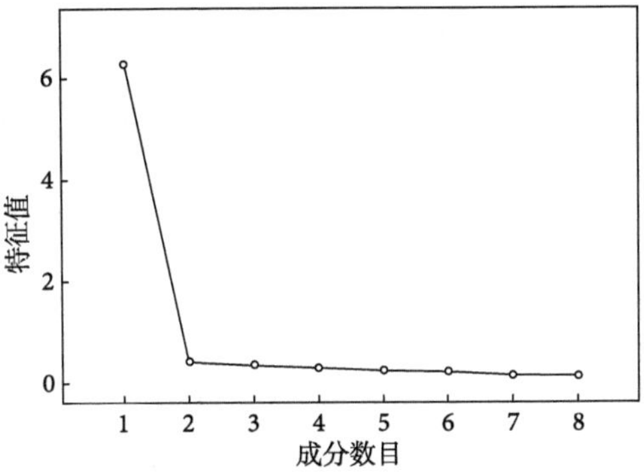

图 2-4　英语自我概念量表

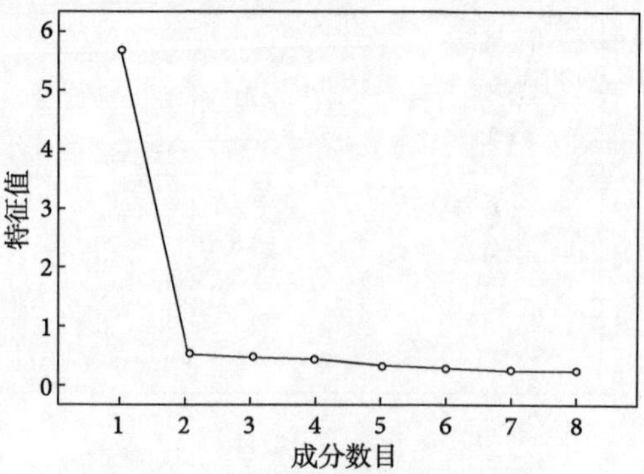

图 2-5　德语自我概念量表

由于四门学科的自我概念量表被放进了一个表格，表格形式可能导致各量表的维度出现变化。因此，为检验它们是否仍各自为单维度，笔者进行了因素分析。在分析前，同样运用KMO 样本适合性检验法和巴特利特球形检验法，对数据的适合性进行检验，结果发现 KMO 值为 0.905 近似卡方分布，（χ^2）为 7656.534，自由度（df）为 28，显著性概率（p）小于 0.001，达到显著水平，说明数据文件极适合进行因素分析。

进行因素分析时，笔者运用主成分分析法，选择转轴法中的最大变异法，限定萃取 4 个因素，将所有题项纳入分析程序，结果获得所期待的 4 个共同因素（表 2-5）。另外，为使结论更有说服力，笔者再次运用主成分分析法，但不限定因素萃取个数，并选择转轴法中的最大变异法，结果也获得了 4 个共同因素。这些数据均表明，这些分量表虽被置于一个表格，但仍各自具有单维度。

表 2-5　转轴后的成分矩阵

科目	成分			
	1	2	3	4
语文 1	0.104	0.146	0.794	0.080
语文 2	0.127	0.079	0.847	0.095
语文 3	0.229	0.069	0.835	0.063
语文 4	0.111	0.089	0.787	0.108
语文 5	0.114	0.080	0.895	0.075
语文 6	0.202	0.061	0.861	0.028
语文 7	0.230	0.043	0.835	0.065
语文 8	0.244	0.041	0.872	0.075
数学 1	−0.065	0.884	−0.007	−0.016
数学 2	−0.061	0.902	−0.026	−0.040
数学 3	0.025	0.896	0.073	0.037
数学 4	−0.006	0.842	0.084	0.066
数学 5	0.018	0.921	0.098	0.002
数学 6	0.048	0.889	0.072	0.019
数学 7	0.154	0.801	0.176	0.056
数学 8	0.089	0.871	0.139	0.019
英语 1	0.841	−0.011	0.087	0.122
英语 2	0.884	−0.018	0.078	0.104
英语 3	0.830	0.080	0.191	0.137
英语 4	0.788	0.034	0.184	0.138
英语 5	0.888	0.057	0.202	.159
英语 6	0.863	−0.004	0.236	0.165

续表

科目	成分			
	1	2	3	4
英语 7	0.871	0.017	0.206	0.117
英语 8	0.880	0.051	0.229	0.128
德语 1	0.081	0.014	0.092	0.802
德语 2	0.092	−0.004	0.044	0.847
德语 3	0.153	0.140	0.153	0.756
德语 4	0.104	0.046	0.042	0.779
德语 5	0.212	0.045	0.075	0.857
德语 6	0.130	0.016	0.047	0.881
德语 7	0.082	−0.028	0.061	0.847
德语 8	0.132	−0.084	0.058	0.868

注：阴影部分为了强调不同学科的题项各自所标记的主要成分，这是呈现转轴后成分的通行做法；余同此。

（三）信度检验

采用内部一致性信度、分半信度和重测信度作为量表的信度指标，表 2-6 是各量表的信度分析结果，数据表明它们均具有良好的内部一致性和较高的稳定性。

表 2-6　一般学业及学科自我概念量表的信度检验结果

量表名	内部一致性	分半信度	重测信度（半年后）
一般学业自我概念	0.894	0.858	0.664
语文自我概念	0.951	0.930	0.742
数学自我概念	0.958	0.933	0.829
英语自我概念	0.960	0.940	0.609
德语自我概念	0.948	0.927	0.639

四、讨论与小结

从问卷的翻译到施测，再到数据的统计分析，笔者均严格遵循客观性原则，加之量表明显的时间经济性特征，学生配合度较高，因此本节所获数据非常真实可靠。项目分析、因素分析和信度检验的结果显示，修订后的量表具有良好的信效度指标，完全可作为测量中国德语专业学生的一般学业自我概念和学科自我概念的专门工具。

第二节　学业自我效能感量表修订

一、初次修订

（一）引言

如前所述，德国心理学家 Jerusalem 和同事 Satow（1999）编制的一般学业自我效能感量表（Schulbezogene Selbstwirksamkeitserwartung，WIRKSCHUL）也有良好质量。该量表的理论基础是班杜拉（1977b）提出的自我效能感理论。班杜拉建议在测量自我效能感时应从“水平”（level）、“强度”（strength）和“一般性”（generality）三个维度进行分析。“水平”维度与任务难度有关，该维度上的差别导致不同个体选择不同难度的任务；“强度”维度指个体对达到某个目标的把握性，具有高水平自我效能感的人虽历经挫折，但不怀疑自己的能力，相反，低水平者往往因小的打击而放弃努力；“一般性”维度指个体判断自己是否仅在某个领域具有能力以及能否把特定领域的自我效能感推广至其他领域（Bandura，2006）。已有量表的编制者充分考虑了这些维度（如 Jerusalem & Satow，1999；Satow，1999）。

量表只有 7 个题项，因而非常省时。Sparfeldt、Rost 和 Schilling（2004）借鉴上文提及的表格式学科自我概念量表，成功编制了学科兴趣量表。受此尝试的启发，笔者拟以该一般学业自我效能感量表为基础，制作表格式学科自我效能感量表。

量表的第 5 个题项是反向计分题，笔者根据经验和与一些学生交谈的结果推测，一部分学生，尤其是差生，可能会因主、客观因素在该题项上出错。为验证该推测，笔者选择对某三本院校的部分德语学生进行初测。

为与所修订的表格式学科自我概念量表在形式上保持一致，笔者将一般学业自我效能感和学科自我效能感量表的评价等级由原来的 4 级改为 6 级，也选择德语、语文、英语和数学这四门学科。

（二）方法

1. 被试

采取整群抽样的方法，在重庆抽取一所设有德语专业的高校，向该专业的部分学生发放量表共 153 份，在剔除回答不完整或具有明显规律的虚假作答量表后，获得有效量表 128 份。有效被试的构成如表 2-7 所示。

表 2-7　被试的基本情况

年级			性别	
一年级	二年级	三年级	男	女
53	38	37	23	105

2. 量表翻译

程序同一般学业自我概念量表和学科自我概念量表（详见第二章第一节）。

3. 施测

在施测一般学业自我概念量表和学科自我概念量表（详见第二章第一节）之后进行一般学业自我效能感量表和学科自我效能感量表的施测。

4. 数据处理

采用 SPSS 16.0 软件对数据进行分析处理。

（三）结果

对一般学业自我效能感量表和学科自我效能感量表进行项目分析，结果显示：第 5 题项与各量表总分的相关系数大小范围是-0.028（德语）~0.186（一般学业）。

在因素分析时，笔者运用主成分分析法，不限定因素萃取个数，并选择转轴方法中的最大变异法。依据“SPSS 内设的特征值大于 1 以上的因素作为最后的共同因素”（吴明隆，2010：222）这个判别标准，发现仅两门学科（数学和英语）自我效能感量表各获得了 1 个共同因素，其他量表均各有两个共同因素。显然，该结果不符合各量表具有单维度的特征。

就第 5 题项的共同性而言，按照共同性不应低于 0.2 的标准（参见吴明隆，2010），仅一般学业自我效能感量表和两门学科（语文和德语）自我效能感量表符合要求。

按照量表的内部一致性信度系数（Cronbach α）值可接受的最低标准（0.60），仅四门学科（语文、数学、英语和德语）自我效能感量表符合或勉强符合（语文为 0.84；数学为

0.86；英语为 0.80；德语为 0.62），一般学业自我效能感量表则不满足条件。

按照“一份优良的教育测验至少应该具有0.80以上的信度系数值才比较具有使用的教育价值”（Camines & Zeller，1979，引自吴明隆，2010：238）这个标准，各量表的分半信度系数（Guttman Split-Half 系数）也不尽如人意（一般学业自我效能感量表为 0.55；语文为 0.72；数学为 0.74；英语为 0.66；德语为 0.52）。

以上结果表明，学生的确在所有量表的第 5 题项上出了问题。笔者认为，主要原因是思维定式或其他主观因素。考虑到量表题项本身较少，笔者决定暂不删除它，而只是调整题序，即把它作为第 1 题项，其他依次后移，并在“不能”二字下加横线，做成第二稿后，进行再次修订。

二、再次修订

（一）方法

1. 被试

采取整群抽样的方式，在四川抽取两所设有德语专业的高校。向该专业的部分学生发放量表共 231 份。在剔除回答不完整或具有明显规律的虚假作答量表后，获得有效量表222份。有效被试的构成如表2-8所示。

表2-8 有效被试的基本情况

学校		年级			性别	
一	二	大一	大二	大三	男	女
139	83	77	75	70	79	143

2. 量表

一般学业自我效能感量表和学科自我效能感量表的第二稿。

3. 施测

同一般学业自我效能感量表和学科自我概念量表的施测程序（详见第二章第一节）。

（二）结果

1. 项目分析

结果（表2-9）表明，题项与量表总分呈中高度相关。这说明，题项与量表具有很高的同质性。

表2-9 题项与量表总分的相关系数

量表名	相关系数范围
一般学业自我效能感	0.559~0.778（p<0.001）
语文自我效能感	0.625~0.891（p<0.001）
数学自我效能感	0.659~0.882（p<0.001）

续表

量表名	相关系数范围
英语自我效能感	0.704~0.891（p<0.001）
德语自我效能感	0.643~0.858（p<0.001）

2. 因素分析

（1）KMO 样本适合性检验和巴特利特球形检验的结果

在对量表进行因素分析之前，笔者运用 KMO 样本适合性检验法和巴特利特球形检验法，对数据的适合性进行检验。表 2-10 呈现了相应的检验结果。这些数据表明，所有量表均非常适合进行因素分析。

表 2-10　一般学业及学科自我效能感量表的 KMO 样本适合性检验和巴特利特特球形检验的结果

量表名	KMO	近似卡方分布（χ^2）	自由度（df）	显著性概率（p）
一般学业自我效能感	0.856	571.098	21	< 0.001
语文自我效能感	0.905	1174.214	21	< 0.001
数学自我效能感	0.883	1087.254	21	< 0.001
英语自我效能感	0.915	1315.478	21	< 0.001
德语自我效能感	0.871	932.688	21	< 0.001

（2）主成分分析结果

笔者运用主成分分析法，不限定因素萃取个数，并选择转轴法中的最大变异法，获得以下数据（表 2-11）。

表 2-11　一般学业及学科自我效能感量表的主成分分析结果

量表名	特征值大于 1 的因素个数	能解释的方差变异量	因素负荷	共同性
一般学业自我效能感	1	52.363%	0.485~0.801	0.236~0.641
语文自我效能感	1	69.002%	0.595~0.897	0.354~0.804
数学自我效能感	1	67.222%	0.622~0.888	0.387~0.789
英语自我效能感	1	73.012%	0.677~0.903	0.458~0.815
德语自我效能感	1	62.171%	0.601~0.891	0.361~0.755

以上数据表明各量表具有单维度，图 2-6~图 2-10 陡坡图也支撑该结论。

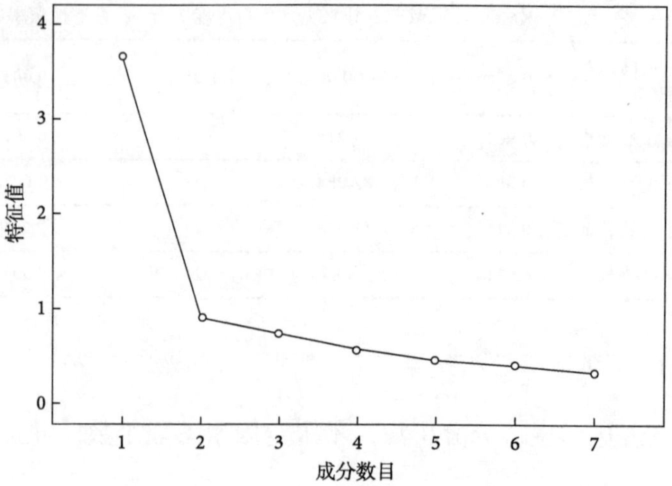

图 2-6　一般学业自我效能感量表

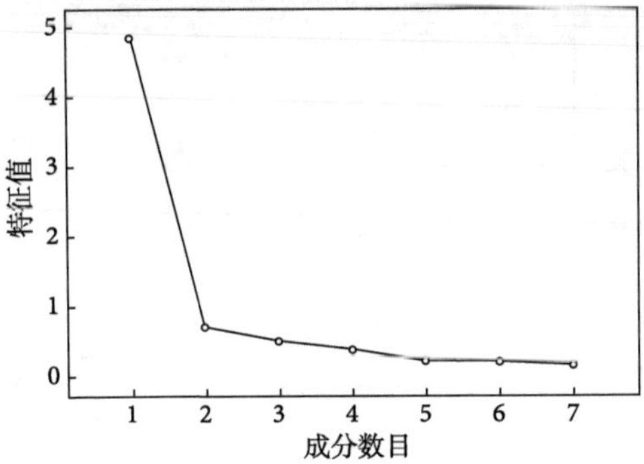

图2-7　语文自我效能感量表

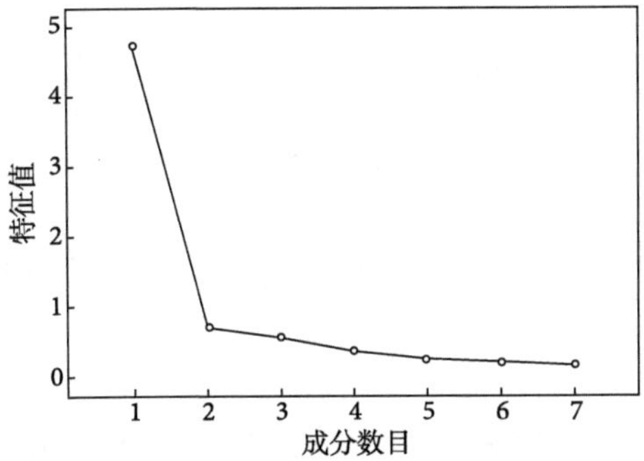

图2-8　数学自我效能感量表

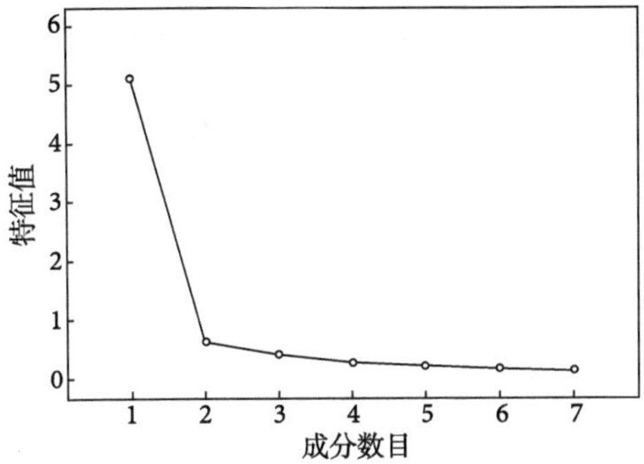

图2-9　英语自我效能感量表

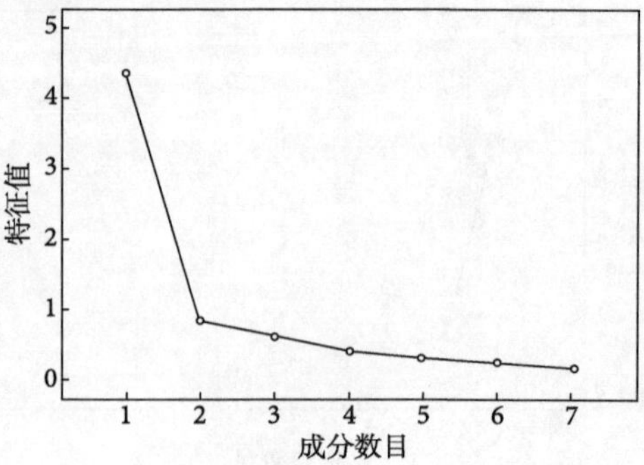

图2-10　德语自我效能感量表

与所修订的学科自我概念量表一样，四门学科自我效能感量表也被置于同一个表格，由于这种形式有可能导致量表维度发生变化，因此，笔者为检验它们是否仍各自具有单维度，进行了因素分析。

笔者使用主成分分析法，选择转轴法中的最大变异法，并限定萃取 4 个因素。在将所有题项纳入分析程序后，获得 4 个共同因素（表 2-12）。这说明各量表的维度仍为单维度。

表 2-12　转轴后的成分矩阵

科目	成分			
	1	2	3	4
语文 1	0.456	0.388	0.100	0.037
语文 2	0.834	0.202	0.150	0.142
语文 3	0.835	0.228	0.153	0.145
语文 4	0.812	0.247	0.126	0.087

续表

科目	成分			
	1	2	3	4
语文 5	0.742	0.212	0.069	0.060
语文 6	0.857	0.147	0.064	0.143
语文 7	0.837	0.217	0.041	0.185
数学 1	−0.093	0.249	0.616	0.046
数学 2	0.172	0.040	0.852	0.027
数学 3	0.085	0.073	0.853	0.084
数学 4	0.028	0.052	0.893	0.053
数学 5	0.006	0.008	0.825	0.085
数学 6	0.245	0.044	0.810	0.109
数学 7	0.254	0.041	0.765	0.130
英语 1	0.137	0.712	0.012	0.076
英语 2	0.239	0.833	0.114	0.192
英语 3	0.185	0.871	0.077	0.185
英语 4	0.186	0.854	0.084	0.175
英语 5	0.236	0.783	0.066	0.211
英语 6	0.349	0.724	0.098	0.275
英语 7	0.374	0.689	0.145	0.324
德语 1	−0.040	0.290	0.013	0.558
德语 2	0.223	0.219	0.190	0.745
德语 3	0.116	0.205	0.108	0.803
德语 4	0.080	0.194	0.086	0.836
德语 5	−0.035	0.084	−0.038	0.782
德语 6	0.250	0.073	0.158	0.748
德语 7	0.283	0.107	0.086	0.766

3. 信度检验

采用内部一致性信度、分半信度、重测信度作为量表的信度指标，表 2-13 是各量表的信度分析结果，数据表明各分量表均具有良好的内部一致性和较高的稳定性。

表 2-13　一般学业及学科自我效能感量表的信效度检验结果

量表名	内部一致性	分半信度	重测信度（半年后）
一般学业自我效能感	0.839	0.817	0.738
语文自我效能感	0.923	0.893	0.689
数学自我效能感	0.915	0.876	0.717
英语自我效能感	0.936	0.892	0.595
德语自我效能感	0.893	0.855	0.613

（三）讨论

从以上修订过程和结果看，更改第 5 题项的顺序以及在一个关键词下加横线的做法，完全可使该题项得分变得正常，并且不影响其他题项，这说明它可保留。

第二版量表的项目分析、因素分析和信度检验的结果表明，该量表的各项指标良好。这说明，笔者借鉴 Rost 教授和其同事的做法，制作的表格式学科自我效能感量表是成功的。这种独特形式使量表施测省时，使学生能够积极配合，也使研究取得了圆满成果。

综上，笔者认为，所修订的各量表完全可用来测量中国德语专业学生的一般学业及学科自我效能感。

第三章　德语专业学生的学业自我认知构念的特征

第一节　学业自我概念的特征

一、研究目的

考察德语专业学生的一般学业自我概念和四门学科（语文、数学、英语、德语）自我概念在学校类型和年级上的特征，以及查明自我概念的各学科侧面的横向关系，为未来有针对性的干预研究提供初步的实证依据。

二、方法

（一）被试

采用整群抽样的方法，在北京、上海、重庆、成都各抽取一至两所设有德语专业的高校，向一至三年级学生发放量表共 636 份，剔除回答不完整或具有明显规律的虚假作答量表后，获得有效量表 601 份。有效被试的构成如表 3-1 所示。

表 3-1　有效被试的基本情况

学校类型			年级			性别	
一本院校	二本院校	三本院校	一年级	二年级	三年级	男	女
267	169	165	236	214	151	135	466

（二）变量

一般学业自我概念和四门学科（语文、数学、英语、德语）自我概念。

（三）施测

笔者为主试。按一般到特殊的原则，施测一般学业自我概念量表和学科自我概念量表。为尽可能保证回收率和学生答题质量，笔者在征得任课老师的同意后，以班为单位，在上课时间施测，并在学生答题后马上收回量表。

（四）数据处理

采用 SPSS 16.0 软件对数据进行分析处理。

三、结果

（一）学业自我概念的现状水平

结果（表 3-2）显示，一般学业自我概念的平均分最低

（*M*=28.46），英语自我概念的平均分最高（*M*=36.66）。各变量的均值从小到大依次为一般学业自我概念、德语自我概念、数学自我概念、语文自我概念、英语自我概念。

表 3-2　学业自我概念的平均数、标准差、最大值和最小值

变量	个数（*N*）	平均数（*M*）	标准差（SD）	最大值（Max）	最小值（Min）
一般学业自我概念	601	28.46	6.60	44	9
语文自我概念	601	34.33	8.47	48	9
数学自我概念	601	30.32	10.20	48	8
英语自我概念	601	36.66	8.43	48	8
德语自我概念	601	28.84	7.84	48	8

图 3-1 是一般学业自我概念和四门学科自我概念的平均分比较图，它更直观地展示了这些分数之间的差异。

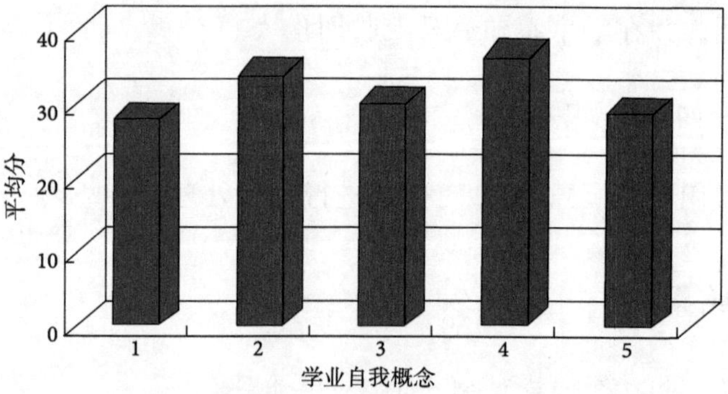

图3-1　学业自我概念的平均分比较图

注：1=一般学业自我概念；2=语文自我概念；3=数学自我概念；4=英语自我概念；5=德语自我概念。

（二）学业自我概念的学校类型差异

笔者采用方差分析考察学业自我概念在学校类型方面的特征，结果显示，学校类型的主效应显著：$F(2, 598)=9.818$，$p<0.001$；学业自我概念的主效应显著：$F(4, 2392)=137.979$，$p<0.001$；“学业自我概念×学校类型”的交互效应显著：$F(8, 2392)=8.436$，$p<0.001$（图 3-2）。

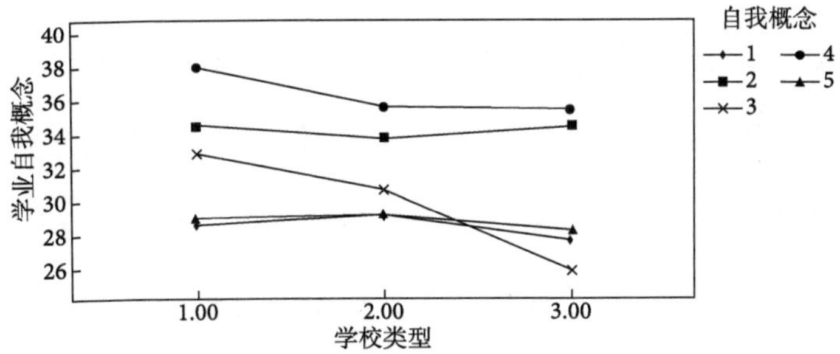

图3-2　学业自我概念与学校类型的交互效应示意图

注：1=一般学业自我概念；2=语文自我概念；3=数学自我概念；4=英语自我概念；5=德语自我概念。

1.00=一本院校；2.00=二本院校；3.00=三本院校。

1. 学校类型差异的最小显著差异法（LSD）的多重比较

学校类型的主效应显著。经 LSD（Least Significant Difference）法分析，笔者发现学校类型之间存在以下差异（表 3-3）：一本和二本院校之间无显著差异，一本和三本院校之间、二本和三本院校之间差异显著，并且一、二本院校显著高于三本院校，这说明学校类型对学业自我概念的总体水平影响较大。

表 3-3　学业自我概念在学校类型上的差异比较

变量	1	2	3
1			
2	−0.919		
3	−2.24***		−1.321**

表示 $p<0.01$，*表示 $p<0.001$。

注：1=一本院校；2=二本院校；3=三本院校。

2. 学业自我概念差异的多重比较（LSD 法）

学业自我概念的主效应显著，笔者采用LSD法揭示了各侧面的差异（表 3-4）：一般学业自我概念显著低于四门学科（语文、数学、英语、德语）自我概念；语文自我概念显著高于一般学业自我概念和数学、德语自我概念，显著低于英语自我概念；数学自我概念显著高于一般学业自我概念，显著低于语文、英语自我概念，与德语自我概念差异不显著；英语自我概念显著高于一般学业自我概念和三门学科（语文、数学、德语）自我概念；德语自我概念显著高于一般学业自我概念，显著低于语文、英语自我概念，与数学自我概念的差异不显著。

表 3-4　学业自我概念的差异比较

变量	1	2	3	4	5
1					
2	5.846***				
3	1.359**	−4.487***			
4	7.943***	2.097***	6.585***		

续表

变量	1	2	3	4	5
5	0.366*	−5.480***	−0.993	−7.577***	

*表示 $p<0.05$，**表示 $p<0.01$，***表示 $p<0.001$。

注：1=一般学业自我效能感；2=语文自我效能感；3=数学自我效能感；4=英语自我效能感；5=德语自我效能感。

3. 学业自我概念与学校类型的交互效应的多重比较（LSD 法）

学业自我概念与学校类型的交互效应显著，笔者采用LSD法获得以下结果（表 3-5）：一般学业自我概念在二、三本院校之间有显著差异，其中二本院校显著高于三本院校；语文自我概念无显著的学校类型差异；数学自我概念在一、二本和一、三本以及二、三本院校之间有显著差异，并且一本院校显著高于二、三本院校，二本院校显著高于三本院校；英语自我概念在一、二本院校之间以及一、三本院校之间差异显著，并且一本院校显著高于二、三本院校；德语自我概念无显著的学校类型差异。

表 3-5 学业自我概念与学校类型的交互效应检验

变量	多重比较
一般学业自我概念	二本>三本*
语文自我概念	无学校类型差异
数学自我概念	一本>二本*；一本>三本***；二本>三本***
英语自我概念	一本>二本*；一本>三本*
德语自我概念	无学校类型差异

*表示 $p<0.05$，***表示 $p<0.001$。

（三）学业自我概念的年级差异

笔者采用方差分析考察学业自我概念的年级特征，结果发现，年级的主效应不显著：$F(2, 598)=0.647$，$p>0.05$；学业自我概念的主效应显著：$F(4, 2392)=141.734$，$p<0.001$；“学业自我概念×年级”的交互效应不显著 $F(8, 2392)=0.902$，$p=0.514$（$p>0.05$），如图 3-3 所示。

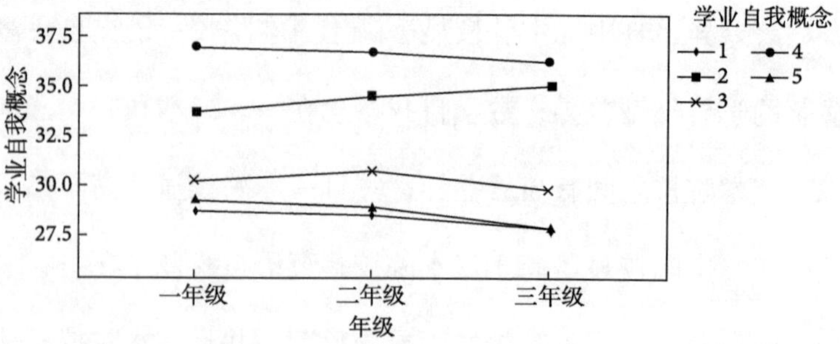

图3-3　学业自我概念与年级的交互效应示意图

注：1=一般学业自我概念；2=语文自我概念；3=数学自我概念；4=英语自我概念；5=德语自我概念。

学业自我概念的主效应显著，经过多重比较分析（LSD法）取得以下结果（表 3-6）：一般学业自我概念显著低于四门学科（语文、数学、英语、德语）自我概念；语文自我概念显著高于一般学业自我概念和数学、德语自我概念，显著低于英语自我概念；数学自我概念显著高于一般学业自我概念和德语自我概念，显著低于语文和英语自我概念；英语自我概念显著高于一般学业自我概念和三门学科（语文、数学、德语）自我概念；德语自我概念显著高于一般学业自我概念，显著低于三门学科（语文、数学、英语）自我概念。

表 3-6　学业自我概念的差异比较

变量	1	2	3	4	5
1					
2	6.017***				
3	1.864**	−4.153***			
4	8.204***	2.188***	6.341***		
5	0.335*	−5.681***	−1.529**	−7.869**	

*表示 p<0.05，**表示 p<0.01，***表示 p<0.001。

注：1=一般学业自我效能感；2=语文自我效能感；3=数学自我效能感；4=英语自我效能感；5=德语自我效能感。

第二节　学业自我效能感的特征

一、研究目的

考察德语专业学生的一般学业自我效能感和四门学科（语文、数学、英语、德语）自我效能感在学校类型和年级上的特征，以及查明自我效能感的各学科侧面的横向关系，为未来有针对性的干预研究提供初步的实证依据。

二、方法

（一）被试

同本章第一节所描述的被试。

（二）变量

一般学业自我效能感和四门学科（语文、数学、英语、德语）自我效能感。

（三）施测

在一般学业自我概念量表和学科自我概念量表施测后进行。

（四）数据处理

采用 SPSS 16.0 软件对数据进行分析处理。

三、结果

（一）学业自我效能感的现状水平

结果（表 3-7）显示：数学自我效能感的平均分最低（M=27.79），英语自我效能感的平均分最高（M=33.42）。各变量的均值从小到大依次为数学自我效能感、一般学业自我效能感、德语自我效能感、语文自我效能感、英语自我效能感。

表 3-7　学业自我效能感的平均数、标准差、最大值和最小值

变量	个数（*N*）	平均数（*M*）	标准差（SD）	最大值（Max）	最小值（Min）
一般学业自我效能感	601	29.04	5.88	42	13
语文自我效能感	601	32.46	6.96	42	8
数学自我效能感	601	27.79	8.39	42	7
英语自我效能感	601	33.42	6.84	42	7
德语自我效能感	601	29.14	6.63	42	9

图 3-4 是一般学业自我效能感和四门学科自我效能感的平均分比较图，它更直观地展示了这些分数的差异。

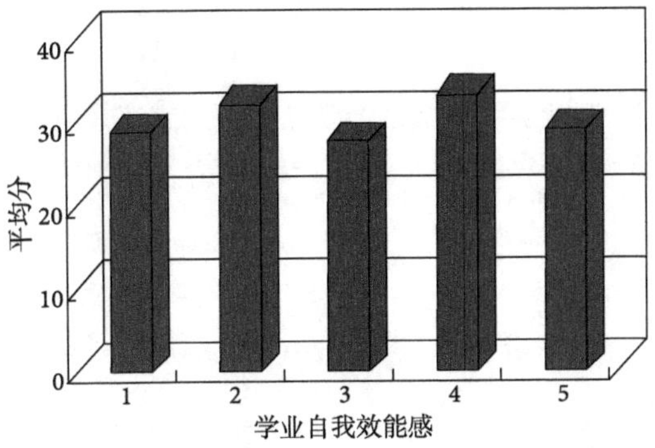

图3-4　学业自我效能感的平均分比较图

注：1=一般学业自我效能感；2=语文自我效能感；3=数学自我效能感；4=英语自我效能感；5=德语自我效能感。

（二）学业自我效能感的学校类型差异

笔者采用方差分析考察学业自我效能感在学校类型上的特

征，结果显示，学校类型的主效应显著：$F(2, 598)=6.366$, $p<0.01$；学业自我效能感的主效应显著：$F(4, 2392)=122.393$, $p<0.001$；“学业自我效能感×学校类型”的交互效应显著：$F(8, 2392)=9.261$, $p<0.001$（图 3-5）。

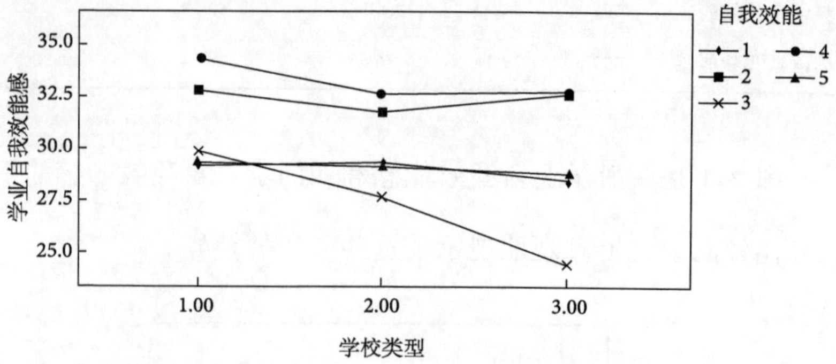

图3-5 学业自我效能感与学校类型的交互效应示意图

注：1=一般学业自我效能感；2=语文自我效能感；3=数学自我效能感；4=英语自我效能感；5=德语自我效能感。

1.00=一本院校；2.00=二本院校；3.00=三本院校。

1. 学校类型差异的多重比较（LSD 法）

学校类型的主效应显著。经事后多重比较分析（LSD 法），笔者发现学校类型之间存在以下差异（表 3-8）：一、二本院校以及一、三本院校之间显著差异，其中，一本院校显著高于二、三本院校；二、三本院校之间无显著差异。这说明学校类型对学业自我效能感的总体水平影响较大。

表 3-8　学业自我效能感在学校类型上的差异比较

变量	1	2	3
1			
2	−1.024*		
3	−1.706**		−0.681

*表示 $p<0.05$，**表示 $p<0.01$。

注：1=一本院校；2=二本院校；3=三本院校。

2. 学业自我效能感差异的多重比较（LSD 法）

学业自我效能感的主效应显著，笔者采用LSD法揭示了各侧面的差异（表 3-9）：一般学业自我效能感与德语自我效能感差异不显著，显著低于语文、英语自我效能感，显著高于数学自我效能感；语文自我效能感显著高于一般学业自我效能感和数学、德语自我效能感，显著低于英语自我效能感；数学自我效能感显著低于一般学业自我效能感和三门学科（语文、英语、德语）自我效能感；英语自我效能感显著高于一般学业自我效能感和三门学科（语文、数学、德语）自我效能感；德语自我效能感显著高于数学自我效能感，显著低于语文、英语自我效能感，与一般学业自我效能感差异不显著。

表 3-9　学业自我效能感的差异比较

变量	1	2	3	4	5
1					
2	3.378***				

续表

变量	1	2	3	4	5
3	−1.658***	−5.036***			
4	4.224***	0.846**	5.882***		
5	0.091	−3.288***	1.748***	−4.134***	

表示 $p<0.01$，*表示 $p<0.001$。

注：1=一般学业自我效能感；2=语文自我效能感；3=数学自我效能感；4=英语自我效能感；5=德语自我效能感。

3. 学业自我效能感与学校类型的交互效应的多重比较（LSD 法）

学业自我效能感与学校类型的交互效应显著，笔者采用 LSD 法获得以下结果（表 3-10）：一般学业自我效能感无显著的学校类型差异；语文自我效能感无显著的学校类型差异；数学自我效能感在一、二本院校，一、三本院校以及二、三本院校之间均有显著差异，且一本院校显著高于二、三本院校，二本院校显著高于三本院校；英语自我效能感在一、二本院校以及一、三本院校之间的差异显著，且一本院校显著高于二、三本院校；德语自我效能感无显著的学校类型差异。

表 3-10　学业自我效能感与学校类型的交互效应检验

变量	多重比较
一般学业自我效能感	无学校类型差异
语文自我效能感	无学校类型差异
数学自我效能感	一本>二本**；一本>三本***；二本>三本***

续表

变量	多重比较
英语自我效能感	一本>二本**；一本>三本*
德语自我效能感	无学校类型差异

*表示 $p<0.05$，**表示 $p<0.01$，***表示 $p<0.001$。

（三）学业自我效能感的年级差异

笔者采用方差分析考察学业自我效能感的年级特征，结果表明，年级的主效应不显著：$F(2, 598)=2.424$，$p=0.089$，$p>0.05$；学业自我效能感的主效应显著：$F(4, 2392)=115.007$，$p<0.001$；“学业自我效能感×年级”的交互效应不显著：$F(8, 2392)=0.905$，$p=0.511$，$p>0.05$（图 3-6）。

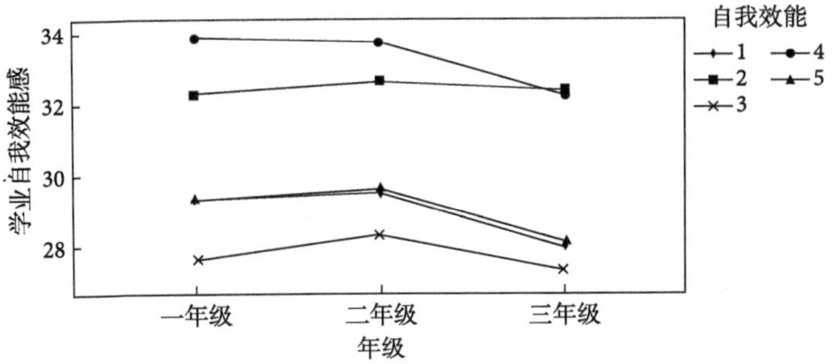

图 3-6 学业自我效能感和年级的交互效应示意图

注：1=一般学业自我效能感；2=语文自我效能感；3=数学自我效能感；4=英语自我效能感；5=德语自我效能感。

学业自我效能感的主效应显著，经事后多重比较分析（LSD 法），笔者获得以下结果（表 3-11）：一般学业自我效能感显著低于语文、英语自我效能感，显著高于数学自我效能感，与德语自我效能感差异不显著；语文自我效能感显著高于一般学业自我效能感和数学、德语自我效能感，显著低于英语自我效能感；数学自我效能感显著低于一般学业自我效能感和三门学科（语文、英语、德语）自我效能感；英语自我效能感显著高于一般学业自我效能感和三门学科（语文、数学、德语）自我效能感；德语自我效能感显著高于数学自我效能感，显著低于语文和英语自我效能感。

表 3-11　学业自我效能感的差异比较

变量	1	2	3	4	5
1					
2	3.529***				
3	−1.180**	−4.709***			
4	4.366***	0.837**	5.546***		
5	0.113	−3.416***	1.239**	−4.253***	

表示 $p<0.01$，*表示 $p<0.001$。

注：1=一般学业自我效能感；2=语文自我效能感；3=数学自我效能感；4=英语自我效能感；5=德语自我效能感。

四、讨论

1. 德语自我概念及效能感显著低于语文自我概念及效能感

首先，德语专业学生具有较高水平的语文自我概念和效能感。这是因为外语专业一般对高中文科生更有吸引力，文科生的语文成绩一般较好，德语专业学生也不例外。学业自我概念与学业成绩关系的技能发展模型表明，学业成绩影响学业自我概念（郭成、何晓燕、张大均，2006），同样，学业成绩也对学业自我效能感产生影响（Köller & Möller，2018），所以，德语专业学生的语文自我概念和效能感的水平一般较高。

其次，德语学习难于母语学习，导致学生具有低水平的德语自我概念和效能感。众所周知，汉语和德语是两种形式迥异的语言体系，文化背景的差异，使汉民族和德意志民族在思维模式上具有明显区别，表现在语言方面就是具有不同的表达方式。总的来说，汉语重 “意合”，德语重“形合”（张世广，1996）。反应在语法上就是，汉语主要靠语义连贯和时间顺序组织句子，置语法形式于“不言之中”；德语语法则是硬性规定，是“硬语法”，主要靠语义形式组织句子，对每个句法结构、每种时态的用法都有严格要求（李卡宁，2005）。德语的这种重层次结构、强调逻辑思维、非常严谨的语法导致其比汉语表达形式更复杂多变。

现以动词为例作一简要对比。例如，德语动词是需变位的词类，变位表达五项内容（王京平，1997）：三种人称（第一、二、三人称）、两个数（单数和复数）、六个时态（现在时、过去时、完成时、过去完成时、第一将来时和第二将来时）、三个态（主动态、过程被动态、状态被动态）和三个式（直陈式、虚拟式、命令式）。在此以动词“买”（德语为kaufen）为例，用现在时的不同人称变位形式造句。

德语	汉语
Ich kaufe ein Buch.	我买一本书。
Du kaufst ein Buch.	你买一本书。
Er kauft ein Buch.	他买一本书。
Wir kaufen ein Buch.	我们买一本书。
Ihr kauft ein Buch.	你们买一本书。
Sie/Sie kaufen ein Buch.	他们（或德语中尊称“您”的单复数形式）买一本书。

在以上德语句子里，动词“kaufen”的词尾必须随主语的变化而变化，但汉语中的“买”在任何时候都只有一个形式。

此外，两种语言还有其他众多差异，如德语名词有性（阳性、中性、阴性；性属一般无规律）、数（单数和复数；复数形式大多无规律）、格（四个格）的变化。例如，“桌子”是阳性；单数为der Tisch，复数为die Tische；单数四个格的变化形式分别为der Tisch、des Tisches、dem Tisch、den Tisch，复数四个格的变化分别是die Tische、der Tische、den Tischen、die Tische。显然，这样的变化在汉语中是不存在的。

美国结构主义派代表人物 Robert Lado（1957）在《跨文化的语言学》一书中写道："人们倾向于把本族的语言和文化中的形式、意义以及二者的分布方式转移到外族的语言和文化中去。学生在接触外语时，会觉得其中有些特征易学，有些难学。与本族语相同的要素，他们觉得简单，不同的就困难。"（徐虹，2010：76）笔者认为，不同文化背景和思维模式造成了汉、德两种语言在表达形式上的千差万别，这些差异导致学生觉得德语难学。事实上，德语学习者必须下苦功夫，才能取得优良成绩。难学的体验势必造成低水平的德语自我概念及效能感。将学生对德语和语文的自我概念和效能感进行对比时，自然就是德语显著低于语文。

2. 德语自我概念及效能感显著低于英语自我概念及效能感

笔者认为，这一方面是因为德语专业学生具有较高的英语自我概念和效能感，另一方面是因为德语比英语难学。

众所周知，德语专业学生在开始学习专业前就已有较好的英语基础。他们在中学学过六年英语，有的甚至在幼儿园、小学阶段就开始接触英语，此外，在大学期间又有英语课。也就是说，长达数年的英语学习使学生具有较高水平的英语自我概念和效能感。

而绝大部分学生的德语基础为零，并且他们开始学习德语时一般已成年。一些实证研究表明，语言习得中存在关键期。虽然研究者对关键期的时间问题没有达成完全一致的意见，但综合来看是指从出生到青春期前的这段时间。研究者一般认为，在关键期的学习效果更佳。有关第二语言学习的一些研究者也支持语言习得关键期的假设，如Johnson等研究了母语为朝鲜语和汉语的被试在英语环境下对英语语法的掌握情况。结果表明，被试学习英语的年龄越晚，对英语语法的掌握程度越差（陈宝国、彭聃龄，2001）。即在关键期学习外语的年龄越小，越能习得外语，受母语语法的影响越小；如果成年后才开始学习外语，此时受母语的语法影响较大，较难习得外语语法规则（侯平英，2008）。因此，已成年的德语零起点学生，要在大学四年习得《高等学校德语专业德语本科教学大纲》规定的各种知识和技能，绝非易事。德语难习得的体验必然影响学生的德语自我概念和效能感。

此外，德语和英语对于中国德语专业学生而言复杂程度不同，这也是德语自我概念和效能感低于英语自我概念和效能感的原因。

虽然英语和德语同属印欧语系日耳曼语族的西日耳曼语支，但二者的差异巨大。例如，在语音方面，德语的小舌颤音/r/完全不同于英语的/r/，大多数德语零起点学生很难在短时间内习得。德语的词尾变化也比英语的复杂。例如，德语的形容词作定语时必须置于所修饰的名词前，根据各个名词在句中不同的性、数、格进行不同的变格，如“一位年轻男子”的德语表达为：ein junger Mann（第一格）、eines jungen Mannes（第二格）、einem jungen Mann（第三格）、einen jungen Mann（第四格），而英语仅有“a young man”这一形式。又如，德语从句一般遵循“尾语序”原则，即随主语变化的谓语动词部分放在从句末尾，如“Ich bin der Meinung, dass er einen Fehler gemacht hat.（我认为他犯了个错。）”在这个从句中，hat 必须放在句尾，英语则不然。另外，德语独有的框形结构句型也会使学生产生德语难于英语的印象，如在句子“Was hast du am Wochenende gemacht?”（你周末做了什么？）中，助动词“hast”和实义动词“machen”（做）的第二分词“gemacht”必须构成一个框架，除主语之外的成分得放置其中，而英语则不同。

总之，德语的语法比英语的语法复杂，以致许多德语非母语者感叹德语是一门难学的外语。美国作家马克·吐温称德语是“可怕的德语”。他写道：“一个有语言天赋的人，学习英语需要 30 个小时，学习法语需要 30 天，而学习德语需要 30 年！”（欧风，2005：47）瑞士诗人海因里希·菲德勒认为，“法语象［像］华丽高贵的公园；意大利语似广阔、明亮、五彩缤纷的树林；德语恰如一片一望无际的原始古林。在法语的公园里人们不会迷路；在意大利语树林的深处人们也无危险可言；然而在那虽然无坦荡大道可走，却有千条曲径可寻的德语古林里，人们不出四五分钟就会消失得无影无踪”（陈晓春，1996：68）。所以，德语总体来说比英语难学，是德语自我概念及效能感低于英语自我概念及效能感的另一重要原因。

3. 德语自我概念及效能感无显著的学校类型差异

笔者认为，这与 Davis（1966）提出的“蛙塘效应”、Marsh（1987）描述的“大鱼小塘效应”（Köller，2004：3）有关，图 3-7 形象地表现了该效应。两个具有相同能力的学生（用相同的纵坐标值表示），就读于不同能力水平的班级（用纵坐标上不同的点表示不同班级的平均成绩），对自我能力的感知是不同的（用鱼的大小表示）。也就是说，与好学校（大塘）的那位学生（小鱼）相比，差学校（小塘）的那位学生（大鱼）所感知到的自我能力水平更高。

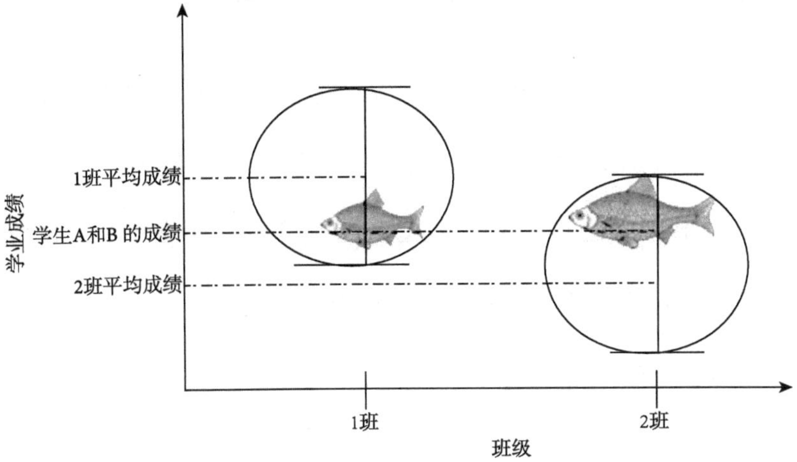

图 3-7　“大鱼小塘效应”示意图
资料来源：Köller（2004：2）。

在实证研究中，该效应典型地表现为当个体成绩的效应被同时控制时，班级或学校平均成绩对个体感知到的自我能力的回归或路径系数为负值。图 3-8 用 Marsh 和 Parker（1984）的一项研究的路径分析结果说明了这一点。

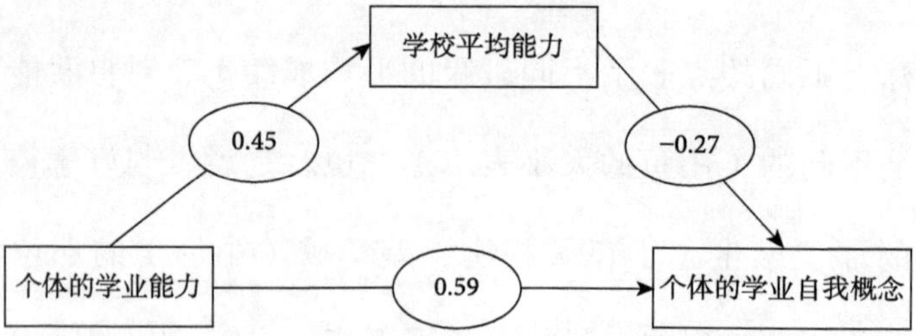

图 3-8　Marsh 和 Parker（1984）的研究中个体的认知能力和全校学生的平均认知能力对学生的一般学业自我概念的效应

资料来源：Köller（2004：3）。

其他研究也获得相似结论：在 Meyer（1970）的研究中，学校平均成绩对学生能力评价的标准化回归系数为−0.11；在 Marsh（1991）的研究中，学校平均成绩对学业自我概念的标准化回归系数为−0.21（Köller，2004：76）。

此外，学校平均成绩对学业自我概念的负向影响，不仅发生在一般学业自我概念上，而且也表现在具体某一领域的学业自我概念上（陈向丽，2006）。例如，Marsh（1994）的研究表明，学校平均成绩水平对英语自我概念的标准化回归系数为−0.10；

Köller、Schnabel 和 Baumert（1998）获得的学校平均成绩对数学自我概念的标准化回归系数为–0.23（Köller，2004：76）。

虽有研究者指出，在自我概念的形成过程中也存在同化效应，即学生可能会因被选入高水平团队而自豪。但 Marsh 等对“大鱼小塘效应”和同化效应进行研究后发现，强烈的负向对比效应与微弱的正向同化效应在相互作用后，结果仍是对学业自我概念产生负向影响（陈向丽，2006）。

笔者认为，正是在“鱼塘效应”的作用下，学生的德语自我概念无显著的学校类型差异。本结论也与郭成（2006）的研究结果相似，即重点学校和一般学校的青少年的一般学业自我概念发展水平没有显著差异。

在学业自我效能感的形成上，虽然多数研究者认为，是时间比较框架起主要作用，但也有一些研究表明，社会比较是存在的。例如，Bouffard-Bouchard（1990）和 Köller（2004）证明，社会比较同样对自我效能感的形成产生影响（Köller & Möller，2010；2018）。因此，笔者认为，“鱼塘效应”也是德语自我效能感无显著的学校类型差异的原因。

4. 德语自我概念及效能感无显著的年级差异

研究者认为，社会比较同样发生在年级层面上（参见 Moschner & Dickkhäuser，2018），即不同年级学生的学业自我认知水平也受上述“鱼塘效应”的影响。

另外，魏俊彪、张云、孙红亮（2008）指出，学业自我认知，如学业自我概念有无显著的年级差异，也与每一年级的教学计划、课程设置和教学安排等有关。若每一年级在这些方面的差异不大，则学业自我认知水平的年级差异不显著。

如前所述，德语专业学生一般为德语零起点学生，根据《高等学校德语专业德语本科教学大纲》的规定，他们必须掌握德语的听、说、读、写、译等基本技能，但这些技能的习得不是一蹴而就的，因此学校在德语专业课型的设置、课时的安排等方面均尽量保证连贯性。例如，在不少高校，综合德语课、听力、口语等课程连续开设 6~7 学期，并且每个年级的课时量的变化都不是很大。因此，笔者认为，这或许也是德语自我概念及效能感无显著的年级差异的原因。

综上，从总体上看，中国德语专业学生的德语自我概念及效能感水平均较低。如前述，个体的自我认知影响个体的行为，具有高水平的学业自我概念和效能感的学生，在面临学习上的困难和挑战时能持之以恒，并积极寻找解决办法；而认为自己学习水平低、没有价值、没有影响力的学生，在遇到困难和挫折时则会怀疑自己的能力，从而减少努力，甚至放弃尝试。因此，该结果应引起中国德语教师和研究者的高度重视。

第四章　德语专业学生的学业自我认知与专业成绩的关系

在影响学生的学业成绩的个人因素中，智力也是一个非常重要的因素，“智力是除体质因素（如年龄、性别等生物特征）之外的个体学业成绩的最重要决定因素之一”（Helmke & Schrader，2010：91；Brühwiler & Helmke，2018：78）。

实证研究表明，一般智力（参见 Spearman，1904）与学业成绩的平均相关系数为 0.50~0.60（Gustafsson & Undheim，1996；Hattie，2009；Rost，2013）。就一般智力（或智商）与具体学科成绩关系而言，一些研究也取得了类似结果：如 Jensen（1981）发现，小学四年级学生的智商与他们在六年级的一般学业成绩的相关系数为 0.75，与朗读、阅读理解的相关系数分别为 0.62 和 0.68；Rindermann（2002）发现，德国文理中学 5~6 年级、8~10 年级、11~12/13 年级学生的平均智商与他们的高中毕业考试分数的相关系数分别为 0.54、0.67 和 0.60（Rost，2009：203-204）；在谈仕明（1993）的研究中，小学五年级学生的总智商与他们的语文、数学成绩的相关系数分别为 0.527 和 0.579；蔡笑岳、林良驹和胡兴旺（1998）的研究表明，初中一年级至三年级学生的智商与语文成绩的相关系数范围是 0.433~0.493，与数学成绩的相关系数范围是 0.384~0.523。

毋庸置疑，学生的学业成绩既受学生的智力因素影响，又受非智力因素影响（如吴福元、王养华、周家骥，1987；Helmke & Schrader，2010；Brühwiler & Helmke，2018），但国内外同时考察学生的智力和非智力因素与学业成绩关系的研究较少。

根据智力研究领域目前仍居优势地位的传统观点（Rost，2013），智力具有层级结构：一般智力位于智力模型的顶层，其下包含多种能力因素（参见 Carroll 于 1993 年提出的智力三层级模型和 Jäger 于 1984 年提出的柏林智力结构模型）。与语言有关的推理能力，即语言智力就是智力的一个重要侧面（参见 Thurstone 于 1938 年提出的智力群因素论和

Jäger 于 1984 年提出的智力结构模型）。可是，至今很少有研究同时考察语言智力、学业自我认知与学业成绩的关系，因此，人们不清楚，对于同一被试群体的学业成绩而言，智力因素（如语言智力）和非智力因素（如学业自我概念和效能感）到底哪个更重要。

鉴于目前国内外有关智力因素和非智力因素与学业成绩关系的研究现状，本章拟在考察德语专业学生的学业自我认知与专业成绩关系的同时，将语言智力作为一个附加变量，一并分析其与德语专业成绩的关系，以期为后续研究奠定更全面的实证基础。

第一节　学业自我认知、语言智力与专业成绩的相关和回归分析

一、研究目的

考察德语专业学生的学业自我认知、语言智力与专业成绩之间的关系，查明对德语专业成绩预测力较大的变量，为构建它们的关系模型奠定基础。

二、方法

（一）被试

从本书第三章所介绍的被试中选出同时测量了语言智力和学业自我认知构念的学生，共计 493 名，其中有效被试为 473 名：一本院校的有 139 名，二本院校的有 169 名，三本院校的有 165 名；一年级的有 164 名，二年级的有 176 名，三年级的有 133 名；男生 75 名，女生 398 名。

（二）变量

（1）学业自我概念。一般学业自我概念和四门学科（语文、数学、英语、德语）自我概念。

（2）学业自我效能感。一般学业自我效能感和四门学科（语文、数学、英语、德语）自我效能感。

（3）语言智力。“智力测验或许是心理测量学中最成功的方法”（Amelang & Schmidt-Atzert，2006：200），“尽管‘真正的’智力和 IQ 测试成绩之间有着概念性的差别，但是我们仍然相信 IQ 测试或能力测量是个体智力的理想指标，亦即它们具有较好的结构效度和预测效度”（陈少华、曾毅，2006：89），因此，笔者拟采用智力测验测量学生的语言智商

（即语言智力）。

笔者在查阅相关文献后发现，类推测验是许多智力测验的重要组成部分（参见 Belser，1967），语言“类推测验”可测量语言逻辑思维能力（Rost，1993）；与语言材料相关的“找相同”测验也能测量“语言的抽象能力、概念构造和语言逻辑思维”（Amthauer，1970）。因此，笔者拟采用这两类测验，并从德国高质量的“智力结构测验”（Intelligenz-Struktur-Test：Amthauer，1970；Liepmann et al.，2007）和“智力结构分析”（Intelligenz-Struktur-Analyse：Institut für Test-und Begabungsforschung，ITB & Gittler，1998；2001）测验中，挑选出部分不具有文化特异性的题项，制成完整试卷，在经过文化适应性检验后开始使用。

“类推”测验样题如下。

以下各题均给出了三个单词，其中，第一、二个之间有一定关系，第三个与某个选词也有近似关系，请把它选出来（“√”）。

例 1

大：小=远：？

a）近　b）宽　c）高　d）深　e）近

例 2

菠菜：蔬菜=桦树：？

a）森林　b）树枝　c）树　d）树叶　e）绿色

“找相同”测验样题如下：

以下各题均给出了六个单词，其中有两个具有共同的上位概念（即总概念），请把它们选出来（“√”）。

例 1

a）办公室　b）电脑　c）写字桌　d）纸　e）电话　f）女秘书

例 2

a）眼睛　b）眼镜　c）鼻子　d）眼镜腿　e）耳朵　f）放大镜

（4）学业成绩指标。研究发现，学业自我认知构念与学业成绩关系的强弱，除依赖于构念的特性（如是否跨学科、是否与特定学科或特定任务相关）外，还与学业成绩的操作性定义（如分数等级、平时测验的平均成绩、学业能力测验成绩）有关（Feng，Wang & Rost，2018）。德语专业学生除参加每学期的期末考试外，还参加全国德语专业四级考试，因此，在全面考察他们的学业自我认知与专业成绩的关系时，笔者既使用了期末成绩，又使用了四级考试成绩。期末成绩包括听力、阅读、口语、写作、综合德语、笔译等课程的期末成绩及其平均成绩；四级考试成绩指听力、阅读、词句篇、写作等部分的单项成绩和总成绩。所有成绩均从各相关学校的教务处获得。为使不同成绩指标具有可比性，笔者在统计分析之前，以班为单位将其转换为标准分数。

（三）施测

施测程序见本书第三章。

（四）统计分析

采用 SPSS 16.0 软件对数据进行分析处理。

三、结果

（一）学业自我认知构念之间及其与语言智力的关系

1. 学业自我认知构念之间的关系

表 4-1 显示，一般学业自我概念与其他所有类型的自我概念和效能感相关，与德语自我概念的关系最密切（r=0.867, p<0.001）。

表 4-1 学业自我认知构念之间及其与语言智力的相关

变量	1	2	3	4	5	6	7	8	9	10	11
1											
2	0.036										

续表

变量	1	2	3	4	5	6	7	8	9	10	11
3	−0.017	0.198***									
4	0.048	0.088*	0.121**								
5	0.105*	0.383***	0.318***	0.078							
6	0.011	0.867***	0.107**	0.060	0.379***						
7	0.088	0.683***	0.246***	0.221***	0.358***	0.673***					
8	0.011	0.192***	0.756***	0.159***	0.348***	0.133**	0.382***				
9	0.082	0.096*	0.120**	0.834***	0.109**	0.075	0.336***	0.259***			
10	0.117*	0.388***	0.287***	0.096*	0.765***	0.379***	0.507***	0.492***	0.257***		
11	0.061	0.726***	0.175***	0.134**	0.358***	0.792***	0.819***	0.327***	0.254***	0.533***	

*表示 $p<0.05$；**表示 $p<0.01$；***表示 $p<0.001$。

注：1=语言智力；2=一般学业自我概念；3=语文自我概念；4=数学自我概念；5=英语自我概念；6=德语自我概念；7=一般学业自我效能感；8=语文自我效能感；9=数学自我效能感；10=英语自我效能感；11=德语自我效能感。

语文自我概念与其他所有类型的自我概念和效能感相关，其中与语文自我效能感的关系最密切（r=0.756，p<0.001）。

数学自我概念除与两门学科（英语、德语）自我概念的相关不显著外，与其他所有类型的自我概念、效能感相关，其中与数学自我效能感的关系最密切（r=0.834，p<0.001）。

英语自我概念除与数学自我概念的相关不显著外，与其他所有类型的自我概念和效能感相关，其中与英语自我效能感的关系最密切（r=0.765，p<0.001）。

德语自我概念除与数学自我概念的相关不显著外，与其他所有类型的自我概念和效能感相关，其中与一般学业自我概念的相关最高（r=0.867，p<0.001）。

一般学业自我效能感与所有类型的自我概念和效能感相关，其中与德语自我效能感的关系最密切（r=0.819，p<0.001）。

语文自我效能感与所有类型的自我概念和效能感相关，其中与语文自我概念的相关最密切（r=0.756，p<0.001）。

数学自我效能感除与德语自我概念的相关不显著外，与其他所有类型的自我概念和效能感相关，其中与数学自我概念的关系最密切（r=0.834，p<0.001）。

英语自我效能感与所有类型的自我概念和效能感相关，其中与英语自我概念的相关最密切（r=0.765，p<0.001）。

德语自我效能感与所有类型的自我概念和效能感相关，其中与一般学业自我效能感的关系最密切（r=0.819，p<0.001）。

2. 学业自我认知构念与语言智力的关系

表 4-1 显示，英语自我概念及效能感与语言智力呈低相关（r=0.105，p<0.05；r=0.117，p<0.05），其他类型的自我概念和效能感与语言智力的相关不显著。

（二）学业自我认知、语言智力与德语专业成绩的关系

1. 学业自我概念与德语专业成绩的关系

表4-2显示：①一般学业自我概念与各项德语专业成绩指标相关（相关系数范围是0.259~0.443）；②语文自我概念与成绩指标呈负相关或不相关；③数学自我概念与成绩指标呈负相关或不相关；④英语自我概念与少数成绩指标（期末阅读、四级听力、四级阅读）呈低相关（相关系数范围是0.127~0.165）；⑤德语自我概念与所有成绩指标的相关显著（相关系数范围是0.272~0.490）。

表 4-2　学业自我概念、语言智力与德语专业成绩的相关系数

成绩指标	1	2	3	4	5	6
期末听力	0.080	0.295***	−0.118***	−0.249***	0.038	0.348***
期末阅读	0.029	0.273***	−0.125*	−0.178**	0.127*	0.321***
期末口语	0.023	0.322***	−0.028	−0.192***	0.003	0.353***
期末写作	0.032	0.346***	−0.092	−0.159*	0.044	0.365***
期末综合德语	0.018	0.349***	−0.171***	−0.190***	−0.014	0.409***
期末笔译	0.158	0.437***	−0.082	−0.100	0.163	0.411***
期末平均成绩	0.068	0.386***	−0.149***	−0.237***	0.010	0.434***
四级听力	0.114*	0.259***	−0.068	−0.177**	0.165**	0.272***
四级阅读	0.102	0.334***	−0.113*	−0.160**	0.132*	0.331***
四级词句篇	0.015	0.340***	−0.233***	−0.173**	0.007	0.417***
四级作文	0.034	0.314***	−0.058	−0.082	0.018	0.310***

续表

成绩指标	1	2	3	4	5	6
四级总分	0.094	0.443^{***}	-0.204^{***}	-0.226^{***}	0.096	0.490^{***}

*表示 $p<0.05$；**表示 $p<0.01$；***表示 $p<0.001$。

注：1=语言智力；2=一般学业自我概念；3=语文自我概念；4=数学自我概念；5=英语自我概念；6=德语自我概念。

2. 学业自我效能感与德语专业成绩的关系

表 4-3 显示：①一般学业自我效能感与各项成绩指标呈显著相关（相关系数范围是 0.116~0.251）；②语文自我效能感与成绩指标呈负相关或不相关；③数学自我效能感与成绩指标呈负相关或不相关；④英语自我效能感与部分成绩指标（期末阅读、四级听力、四级阅读）呈低相关（相关系数范围是 0.123~0.134）；⑤德语自我效能感和所有成绩指标的相关显著（相关系数范围是 0.196~0.379）。

表 4-3　学业自我效能感与德语专业成绩的相关系数

成绩指标	7	8	9	10	11
期末听力	0.164^{***}	-0.098^{*}	-0.181^{***}	0.067	0.275^{***}
期末阅读	0.118^{*}	−0.077	-0.146^{*}	0.123^{*}	0.232^{***}
期末口语	0.164^{***}	−0.059	-0.184^{***}	−0.006	0.235^{***}
期末写作	0.167^{**}	−0.104	-0.155^{*}	0.042	0.317^{***}
期末综合德语	0.171^{***}	-0.181^{***}	-0.180^{***}	−0.007	0.302^{***}

续表

成绩指标	7	8	9	10	11
期末笔译	0.184*	−0.068	−0.086	0.146	0.347***
期末平均成绩	0.184***	−0.148***	−0.203***	0.019	0.321***
四级听力	0.116*	−0.025	−0.146**	0.134*	0.196***
四级阅读	0.206***	−0.086	−0.147**	0.124*	0.236***
四级词句篇	0.177**	−0.192***	−0.154**	0.016	0.305***
四级作文	0.237***	−0.043	−0.080	0.025	0.285***
四级总分	0.251***	−0.144**	−0.192***	0.092	0.379***

*表示 $p<0.05$，**表示 $p<0.01$，***表示 $p<0.001$。

注：7=一般学业自我效能感；8=语文自我效能感；9=数学自我效能感；10=英语自我效能感；11=德语自我效能感。

3. 语言智力与德语专业成绩的关系

如表 4-2 所示，语言智力仅与四级考试中的听力成绩相关（$r=0.114$，$p<0.05$）。

（三）学业自我认知构念、语言智力对德语专业成绩的回归分析

1. 学业自我概念、语言智力对德语专业成绩的回归分析结果

由于学业自我概念的各侧面之间存在不同程度的相关，尤其是一般学业自我概念与德语自我概念相关很高（$r=0.867$，$p<0.001$），因此，笔者在进行回归分析之前，对这些变量间是否会出现多元共线性问题进行诊断，结果发现容忍度

（tolerance）范围是 0.240~0.980，方差膨胀因素（variance inflation factor，VIF）范围是 1.020~4.169。按照多数学者认可的多元共线性问题的判别标准，容忍度值应大于 0.1，方差膨胀因素应小于 10（吴明隆，2010）。显然，所获数据在标准范围内，变量间不存在共线性问题。

笔者采用逐步回归分析，考察预测变量对德语专业成绩的效应。结果（表 4-4）表明，德语自我概念除对期末笔译和四级阅读无显著的预测效应外，对其他成绩指标均有显著正向预测效应（标准化回归系数“β”值为期末听力：β= 0.322，$p<0.001$；期末阅读：β=0.302，$p<0.001$；期末口语：β= 0.379，$p<0.001$；期末写作：β=0.418，$p<0.001$；期末综合德语：β=0.475，$p<0.001$；期末平均成绩：β=0.331，$p<0.001$；四级听力：β=0.302，$p<0.001$；四级词句篇：β= 0.551，$p<0.001$；四级作文：β=0.366，$p<0.001$；四级总分：β=0.372，$p<0.001$），数学自我概念对几乎所有成绩指标具有显著负向预测效应，语文自我概念和英语自我概念对部分成绩指标有负向预测效应，语言智力对四级听力和四级总分有微弱正向预测效应（四级听力：β=0.127，$p<0.05$；四级总

分：β=0.114，p<0.05）。

表 4-4　学业自我概念和语言智力预测德语专业成绩的逐步多元回归分析摘要汇总

效标变量	选出变项顺序	多元相关系数 R	决定系数 R^2	增加量 ΔR^2	F 值	净 F 值	标准化回归系数 β
期末听力	德语自我概念	0.296	0.088	0.088	4.805	4.805	0.322^{***}
	数学自我概念	0.403	0.163	0.075	41.085	37.822	-0.263^{***}
	语文自我概念	0.419	0.176	0.013	3.038	6.816	-0.116^{**}
期末阅读	德语自我概念	0.305	0.093	0.093	27.301	27.301	0.302^{***}
	数学自我概念	0.363	0.132	0.039	20.172	11.922	-0.189^{**}
	语文自我概念	0.385	0.148	0.016	15.345	5.071	-0.128^{*}
期末口语	德语自我概念	0.313	0.098	0.098	39.312	39.312	0.379^{***}
	数学自我概念	0.372	0.139	0.041	29.113	17.162	-0.194^{***}
	英语自我概念	0.397	0.158	0.019	22.515	8.167	-0.150^{**}
期末写作	德语自我概念	0.384	0.147	0.147	36.733	36.733	0.418^{***}
	数学自我概念	0.418	0.174	0.027	22.395	7.019	-0.177^{**}
	英语自我概念	0.438	0.192	0.017	16.693	4.541	-2.131^{*}
期末综合德语	德语自我概念	0.381	0.145	0.145	76.361	76.361	0.475^{***}
	语文自我概念	0.466	0.199	0.053	55.539	29.816	-0.172^{***}
	数学自我概念	0.491	0.241	0.042	47.230	24.728	-0.206^{***}
	英语自我概念	0.508	0.258	0.017	38.733	10.296	-0.150^{**}
期末笔译	一般学业自我概念	0.437	0.191	0.191	26.737	26.737	0.475^{***}
	语文自我概念	0.472	0.222	0.031	16.018	4.476	-0.180^{***}
期末平均成绩	德语自我概念	0.402	0.162	0.162	85.295	85.295	0.331^{***}
	数学自我概念	0.487	0.238	0.076	68.690	43.822	-0.261^{***}

续表

效标变量	选出变项顺序	多元相关系数 R	决定系数 R^2	增加量 ΔR^2	F 值	净 F 值	标准化回归系数 β
期末平均成绩	语文自我概念	0.518	0.268	0.030	53.691	18.302	-0.161^{***}
	英语自我概念	0.530	0.281	0.013	42.862	7.861	-0.136^{**}
	一般学业自我概念	0.537	0.289	0.008	35.568	4.880	0.181^{*}
四级听力	德语自我概念	0.304	0.093	0.093	30.842	30.842	0.302^{***}
	数学自我概念	0.355	0.126	0.034	21.729	11.540	-0.187^{**}
	语言智力	0.377	0.142	0.016	16.596	5.658	0.127^{*}
四级阅读	一般学业自我概念	0.379	0.144	0.144	50.671	50.671	0.411^{***}
	语文自我概念	0.426	0.181	0.038	33.352	13.874	-0.186^{***}
	数学自我概念	0.454	0.206	0.025	25.941	9.282	-0.015^{**}
四级词句篇	德语自我概念	0.440	0.194	0.194	72.638	72.638	0.551^{***}
	语文自我概念	0.536	0.287	0.093	60.510	39.194	-0.253^{***}
	数学自我概念	0.558	0.312	0.025	45.292	10.883	-0.165^{**}
	英语自我概念	0.578	0.334	0.022	37.437	9.860	-0.167^{**}
四级作文	德语自我概念	0.309	0.095	0.095	31.788	31.788	0.366^{***}
	英语自我概念	0.338	0.114	0.019	19.393	6.427	-0.149^{*}
四级总分	德语自我概念	0.500	0.250	0.250	100.517	100.517	0.372^{***}
	语文自我概念	0.566	0.320	0.070	70.835	31.126	-0.238^{***}
	数学自我概念	0.605	0.366	0.046	57.720	21.732	-0.230^{***}
	语言智力	0.613	0.376	0.010	45.049	4.827	0.114^{*}
	英语自我概念	0.623	388	0.012	37.747	5.704	-0.133^{*}
	一般学业自我概念	0.631	0.398	0.010	32.685	4.903	0.213^{*}

*表示 $p<0.05$，**表示 $p<0.01$，***表示 $p<0.001$。

2. 学业自我效能感、语言智力对德语专业成绩的回归分析结果

同样，由于学业自我效能感的各侧面之间存在不同程度的相关，并且一般学业自我效能感与德语自我效能感的相关性很高（r=0.819，p<0.001），因此，笔者在进行回归分析前，对这些变量间是否会出现多元共线性问题进行诊断，结果发现容忍度介于0.306与0.850，方差膨胀因素介于1.176与3.266。按照上文提及的判别标准（吴明隆，2010），这些变量之间不存在共线性问题。

采用逐步回归分析，考察各预测变量对成绩指标的预测效应。结果（表 4-5）表明，德语自我效能感对所有成绩指标具有显著正向预测效应（期末听力：β=0.353，p<0.001；期末阅读：β=0.299，p<0.001；期末口语：β=0.348，p<0.001；期末写作：β=0.422，p<0.001；期末综合德语：β=0.424，p<0.001；期末笔译：β=0.414，p<0.001；期末平均成绩：β=0.444，p<0.001；四级听力：β=0.277，p<0.001；四级阅读：β=0.217，p<0.001；四级词句篇：β=0.544，p<0.001；四级作文：β=0.429，p<0.001；四级总分：β=0.536，p<0.001），数学自我效能感对所有成绩指标具有负向预测效应，语文自我效能感和英语自我效能感对部分学业成绩具有负向预测效应，语言智力

对四级听力和四级总分有微弱正向预测效应（四级听力：β=0.121，p<0.05；四级总分：β=0.097，p<0.05）。

表 4-5　学业自我效能感和语言智力预测德语专业成绩的逐步多元回归分析摘要汇总

效标变量	选出变项顺序	多元相关系数 R	决定系数 R^2	增加量 ΔR^2	F 值	净 F 值	标准化回归系数 β
期末听力	德语自我效能感	0.244	0.059	0.059	26.778	26.778	0.353***
	数学自我效能感	0.352	0.124	0.065	29.993	31.296	−0.236***
	语文自我效能感	0.378	0.143	0.019	23.505	9.344	−0.148**
期末阅读	德语自我效能感	0.205	0.042	0.042	11.694	11.694	0.299***
	数学自我效能感	0.301	0.091	0.048	13.197	14.123	−0.197**
	语文自我效能感	0.332	0.110	0.019	10.866	5.734	−0.150*
期末口语	德语自我效能感	0.201	0.040	0.040	15.209	15.209	0.348***
	数学自我效能感	0.321	0.103	0.063	20.833	25.433	−0.238***
	英语自我效能感	0.346	0.120	0.016	16.361	6.756	−0.156**
期末写作	德语自我效能感	0.331	0.110	0.110	26.289	36.733	0.422***
	数学自我效能感	0.414	0.171	0.062	21.930	15.750	−0.215**
	语文自我效能感	0.448	0.201	0.029	17.664	7.738	−0.184**

续表

效标变量	迭出变项顺序	多元相关系数 R	决定系数 R^2	增加量 ΔR^2	F 值	净 F 值	标准化回归系数 β
期末综合德语	德语自我效能感	0.267	0.071	0.071	34.347	34.347	0.424***
	语文自我效能感	0.418	0.175	0.104	47.463	56.346	−0.302***
	数学自我效能感	0.469	0.220	0.045	41.921	25.618	−0.222***
期末笔译	德语自我效能感	0.347	0.120	0.120	15.450	15.450	0.414***
	数学自我效能感	0.403	0.162	0.042	10.835	5.592	−0.215*
期末平均成绩	德语自我效能感	0.297	0.088	0.088	42.651	42.651	0.444***
	数学自我效能感	0.420	0.176	0.088	47.242	47.360	−0.264***
	语文自我效能感	0.480	0.230	0.054	43.901	30.827	−0.250***
四级听力	德语自我效能感	0.232	0.054	0.054	17.122	17.122	0.277***
	数学自我效能感	0.323	0.104	0.050	17.495	16.963	−0.241***
	语言智力	0.344	0.119	0.014	13.457	4.924	0.121*
四级阅读	德语自我效能感	0.270	0.073	0.073	23.828	23.828	0.217*
	数学自我效能感	0.347	0.121	0.047	20.624	16.219	−0.212***
	语文自我效能感	0.388	0.151	0.030	17.776	10.746	−0.215***
	一般学业自我效能感	0.406	0.165	0.014	14.786	5.088	0.216*

续表

效标变量	选出变项顺序	多元相关系数 R	决定系数 R^2	增加量 ΔR^2	F 值	净 F 值	标准化回归系数 β
四级词句篇	德语自我效能感	0.309	0.096	0.096	31.928	31.928	0.544^{***}
	语文自我效能感	0.488	0.238	0.142	46.965	56.169	-0.307^{***}
	数学自我效能感	0.526	0.277	0.039	38.240	16.083	-0.208^{***}
	英语自我效能感	0.535	0.287	0.010	30.050	4.241	-0.138^{*}
四级作文	德语自我效能感	0.256	0.066	0.066	21.264	21.264	0.429^{***}
	英语自我效能感	0.325	0.105	0.040	17.735	13.338	-0.229^{**}
	数学自我效能感	0.370	0.137	0.032	15.898	11.042	-0.183^{**}
四级总分	德语自我效能感	0.371	0.138	0.138	48.153	38.153	0.536^{***}
	语文自我效能感	0.507	0.257	0.119	52.062	48.412	−0.313
	数学自我效能感	0.566	0.321	0.064	47.238	28.186	-0.273^{***}
	语言智力	0.575	0.330	0.009	36.826	4.117	0.097^{*}

*表示 $p<0.05$，**表示 $p<0.01$，***表示 $p<0.001$。

3. 德语学业自我认知构念、语言智力对德语专业成绩的回归分析结果

上文的回归分析结果显示，当考察学业自我认知构念与语言智力对成绩指标的预测效应时，仅德语学业自我认知构念对

学业成绩具有显著的预测效应（德语自我概念几乎每次进入回归方程；德语自我效能感每次进入回归方程），语言智力仅对少数成绩指标具有正向预测效应。为进一步考察德语学业自我认知构念与语言智力对学业成绩的预测效应，笔者继续采用逐步回归分析方法，将德语自我概念和德语自我效能感与语言智力结合起来进行比较分析。

德语自我概念与德语自我效能感的相关性很高（r=0.792，p<0.001），笔者在进行回归分析前，对这些变量间是否出现多元共线性问题进行了诊断。结果显示，容忍度为0.378，方差膨胀因素为2.644，按照上文提及的标准，这两个变量之间不存在共线性问题，同时也间接地证明，自我概念和自我效能感是两个联系紧密，但可区分的构念。

结果（表4-6）显示，德语自我概念对所有成绩指标具有显著正向预测效应（期末听力：β=0.296；期末阅读：β=0.305；期末口语：β=0.313；期末写作：β=0.384；期末综合德语：β=0.381；期末笔译：β=0.411；期末平均成绩：β=0.402；四级听力：β=0.308；四级阅读：β=0.377；四级词句篇：β=0.440；四级作文：β=0.309；四级总分：β=0.503。

各项的显著性概率值均为 $p<0.001$），德语自我效能感对所有成绩指标无显著预测效应，语言智力对四级听力、四级阅读和四级总分有微弱正向预测效应（四级听力：$\beta=0.122$，$p<0.05$；四级阅读：$\beta=0.112$，$p<0.05$；四级总分：$\beta=0.107$，$p<0.05$）。

表 4-6 德语学业自我认知构念与语言智力对德语专业成绩的逐步多元回归分析摘要汇总

效标变量	选出变项顺序	多元相关系数 R	决定系数 R^2	增加量 ΔR^2	F 值	净 F 值	标准化回归系数 β
期末听力	德语自我概念	0.296	0.088	0.088	40.805	40.805	0.296***
期末阅读	德语自我概念	0.305	0.093	0.093	27.301	27.301	0.305***
期末口语	德语自我概念	0.313	0.098	0.098	39.312	39.312	0.313***
期末写作	德语自我概念	0.384	0.147	0.147	36.733	36.733	0.384***
期末综合德语	德语自我概念	0.381	0.145	0.145	76.361	76.361	0.381***
期末笔译	德语自我概念	0.441	0.169	0.169	22.925	22.925	0.411***
期末平均成绩	德语自我概念	0.402	0.162	0.162	85.295	85.295	0.402***
四级听力	德语自我概念	0.304	0.093	0.093	30.842	30.842	0.308***
	语言智力	0.328	0.108	0.015	5.018	18.135	0.122*
四级阅读	德语自我概念	0.374	0.140	0.140	49.095	49.095	0.377***

续表

效标变量	选出变项顺序	多元相关系数 R	决定系数 R^2	增加量 ΔR^2	F 值	净 F 值	标准化回归系数 β
四级阅读	语言智力	0.390	0.152	0.013	4.467	27.063	0.112***
四级词句篇	德语自我概念	0.440	0.194	0.194	72.638	72.638	0.440***
四级作文	德语自我概念	0.309	0.095	0.095	31.788	31.788	0.309***
四级总分	德语自我概念	0.500	0.250	0.250	100.517	100.517	0.503***
	语言智力	0.511	0.261	0.012	53.227	4.704	0.107*

*表示 $p<0.05$，***表示 $p<0.001$。

四、讨论

（一）语言智力与学业自我认知构念呈低相关或不相关

该结果与国内外相关研究结果基本一致。例如，Hansford 和 Hattie（1982）的元分析所报告的智商与自我概念的相关系数为 0.18；Dermitzaki 和 Efklides（2000）发现语言智力与语言学业自我概念的相关系数为 0.12；Rost、Sparfeldt 和 Schilling（2007）使用上述智力结构测验中的语言类推任务测得的语言智力，与使用上述表格式学科自我概念量表测得的德语（母语）和英语（外语）自我概念的相关系数分别为 0.12 和 0.09。

国内的相关研究较少，就已有研究来看，结论类似。例如，陈国鹏等（1997）考察了小学六年级、初一、初二、初三、高一、高二学生的智商与言语学业自我概念的相关，发现二者的相关系数分别为 0.15、0.11、0.09、0.02、0.02 和 0.11。

究其原因，笔者认为，这两个学业自我认知构念属于非智力因素，语言智力属于智力因素，并且学业自我概念“主要产生于与成绩相关的特定参照组的反馈，很少直接源于智力”（Rost，Sparfeldt & Schilling，2007：42）；自我效能感主要产生于 Bandura 所提及的行为成就（直接经验）、替代经验（间接经验）、言语劝说、调节情绪和生理状态（王建侠，2007；Köller & Möller，2018）。因此，在通常情况下，这两个学业自我认知构念与智力指标仅呈弱相关或不相关。

（二）同一层面上的不同自我认知构念之间的相关较高

以上结果表明，同一层面上的不同自我认知构念之间的关系十分密切，相关系数范围是 0.683（$p<0.001$；一般学业）~0.834（$p<0.001$；数学）。该结果与国外研究结果一致。例如，Sparfeldt（2000）发现，同一学科的自我概念与自我效能感的相

关系数范围是 0.73~0.80；在 Rost、Sparfeldt 和 Schilling（2007）的研究中，两种自我认知构念的相关系数分别为 0.54（一般学业）、0.75（数学）、0.76（物理）、0.71（德语）和 0.74（历史）。Parker 等（2014）也发现，数学自我概念与数学自我效能感的相关系数为 0.65。正因为同一层面上的两个自我认知构念的关系密切，所以如前述，一些学者视它们为同一构念。

国内将这两个学业自我认知构念结合起来，探讨其与学业成绩关系的研究寥寥可数，并且这些研究未说明两个构念之间的相关关系，因此该书不能将研究结果与国内的研究结果进行比较。

对于同一层面上的不同自我认知构念的相关性较高的原因，笔者认可德国学者 Köller（2004：101）的观点："如果对这两个变量的测量具有相同的特性以及一般性，那么它们之间在构念上的区别会越来越小。"该结论提示研究者，若要比较两个变量的横向关系，应在同一层面上进行，即遵循上文提及的"Brunswick 对称性原则"。

（三）德语自我概念与数学自我概念不相关

该结论同国内外关于数学自我概念与语言学科自我概念关

系的结论一致。例如，Marsh、Byrne和Shavelson（1988；引自Streblow，2004）发现，数学自我概念与英语（母语）自我概念的相关系数为 0.02（$p>0.05$）；Schilling、Sparfeldt 和 Rost（2004）发现，德语（母语）自我概念与数学自我概念的相关系数为−0.01（$p>0.05$），英语（外语）自我概念与数学自我概念的相关系数为 0.06（$p>0.05$）。

国内研究也有类似发现。在温忠麟等（2004）的研究中，职中生的数学自我概念与语文自我概念的相关系数为 0.045（$p>0.05$）；徐富明、施建农和刘化明（2008）得到的中学生的数学自我概念与语文自我概念的相关系数为 0.07（$p>0.05$）。

这些结论可用 Marsh（1986）的内外参照系模型解释，即学生的学业自我概念是通过内外双重比较形成的（表 4-7）。内部比较是指学生把自己在某一学科方面的能力和成绩的自我知觉与自己在其他学科方面的能力和成绩的自我知觉进行比较。外部比较则指学生把自己在某一学科方面的能力和成绩的自我知觉与自己对其他学生在这一学科方面的能力和成绩的知觉进行比较（郭成、何晓燕和张大均，2006）。这两种比较的结果就是数学自我概念与语言学科自我概念的相关系数接近 0。

表 4-7　社会比较和维度比较对特定学科自我概念的影响结果

触发条件	比较框架/过程	比较方向	对各自学科自我概念的水平的影响结果	对这些学科自我概念的关系的影响结果
数学和语言学科中的成绩反馈	外部/社会比较	向上（与优生比）	下降	语言学科自我概念与数学自我概念呈正相关
		向下（与差生比）	上升	
	内部/维度比较	向上（与自己较好的学科成绩比）	下降	数学成绩对语言学科自我概念的负效应以及语言成绩对数学自我概念的负效应→自我概念之间的相关程度下降
		向下（与自己较差的学科成绩比）	上升	

资料来源：Streblow（2004：51）。

内外参照系模型得到众多实证研究的验证。Möller 和 Kölller（2004）列举了世界范围内的 34 项田野研究，涉及澳大利亚、加拿大、德国、中国香港等国家和地区。这些研究证明该模型具有跨文化的特性。本书的研究也支持该模型。

（四）德语自我效能感与数学自我效能感呈低相关

显然，该结论和上述的德语自我概念与数学自我概念的关系结论不一致，但与国外的一些结论相同。例如，Bong（1998）等学者在对内外参照系模型进行验证时也附带考察了数学自我效能感与语言学科自我效能感的关系，结果发现，二者的相关显著，究其原因，是语言成绩对数学自我效能感产生了负向效应，而数学成绩对语言学科自我效能感的效应不显著。这一方面表明，内外参照系模型不适合学业自我效能感，另一方面也说明，自我概念与效能感是有区别的两个构念。也正是在这样的背景下，Bong 等系统梳理了学业自我概念与学业自我效能感的区别（详见第一章第二节）。笔者也支持他们的观点。

（五）语言智力与绝大部分学业成绩指标的相关不显著

如前述（详见第四章第一节），国外关于智力与学业成绩关系的元分析表明，智力与学业成绩的关系密切。但笔者发现，德语专业学生的语言智力仅与专业成绩中的个别指标相关。究其原因，是该群体因高考选拔而在语言智力方面具有较高的同质性。“对于中等及以上智力水平的学生，智力仅表现出小的效应”（Rost，Sparfeldt & Schilling，2007：42）。笔者获得的结论也符合国内外一些学者的观点：“随着年级的提高，IQ 对学业成绩的预测效度下降”（Rost，2009：202）、“在中等以上的智力水平的群体中，其智力水平的差异对学业成绩的影响就不明显”（杨莲清，1998：32）。该结论提示，德语专业教师不应过多地关注学生的语言智力。

（六）德语自我概念和效能感与德语专业成绩呈显著正相关

该结论符合在学科层面上测量的自我认知构念与对应学科成绩的相关通常较高的结论（Feng，Wang & Rost，2018）。例如，Schilling 等（2005）用 Marsh 的“自我描述问卷 II 型”测得的德国中学生的德语自我概念与德语成绩的相关系数为 0.59（$p<0.01$），用上述的表格式学科自我概念量表测得的德语自我概念与德语成绩的相关系数为 0.57。在 Usher 和 Pajares（2009，引自 Huang，2012：789）的研究中，数学自我效能感与数学成绩的相关系数为 0.46。

笔者的研究结论也与国内的一些结论一致：安连超和王锐（2012）用Marsh的“自我描述问卷Ⅱ型”测得的高三学生的语文自我概念与语文成绩的相关系数为 0.477（$p<0.01$），数学自我概念与数学成绩的相关系数为 0.476（$p<0.01$）；刘晓明和周利（2007）采用国内学者编制的数学自我效能感量表测得的初一学生的数学自我效能感与数学成绩的相关系数为 0.541；高光

珍、胡象岭和张明霞（2010）采用自编问卷测得的高中生的物理自我效能感与物理成绩的相关系数范围是 0.314（高二）~0.442（高三）。李玉芳（2012）采用自己修编的自我效能感量表测得的英语自我效能感与英语成绩的相关系数为 0.442。

笔者取得的这个结果再次提示，研究者在考察学业自我认知与学业成绩的关系时应遵循上文提及的“Brunswick 对称性原则”，也提示德语教师应重视提升学生的德语学业自我认知水平。

第二节　德语学业自我认知构念、语言智力与专业成绩的关系模型构建

一、引言

本章第一节的相关分析表明，德语学业自我认知与德语专业成绩的所有指标相关，但在考察两个自我认知构念的回归分析中，德语自我概念每次都作为显著预测变量进入回归方程，而德语自我效能感被排斥在外（表 4-6）。

已有研究发现，学业自我效能感不直接对成绩产生影响，

而是通过具有调节作用的过程起作用（Köller & Möller，2018）。何先友（1998：47）在对小学生数学自我效能、自我概念与数学成绩关系的研究中发现，“数学自我效能和自我概念对小学生的数学成绩有显著的影响，但数学自我效能对数学成绩的影响受到其自我概念的制约，只有与自我概念水平一致时才能准确预测其数学成绩”，“学业自我概念是稳定的，不易改变的，……学业自我效能感是动态性和可变性的……”（郭成，2006：17）。因此，基于本章第一节的结论和国内外学者的观点，笔者推测，在德语自我效能感与专业成绩的关系中，德语自我概念起中介作用。

另外，加涅等学者（Gagné et al.，1992；引自林颖、姚夏倩，2000）的学生素质观认为，学生在发展中形成的能力不直接进入新的学习，但可以加快或减慢学生的学习速度，对学习起支持性作用。温忠麟、侯杰泰和张雷（2005）认为，调节变量可以是定性的，也可以是定量的；卢谢峰和韩立敏（2007）认为，理想的调节变量是调节变量与自变量和因变量均无关。基于本章第一节的相关分析结果（即语言智力与德语学业自我认知构念的相关不显著），与绝大部分成绩指标的相关不显著，并结合上述学者们的观点，笔者推测，语言智力可能对德语学业自我认知与专业成绩的关系具有调节效应。这样，德语学业自我认知构念、语言智力与专业成绩的关系模型被假定如图 4-1 所示。

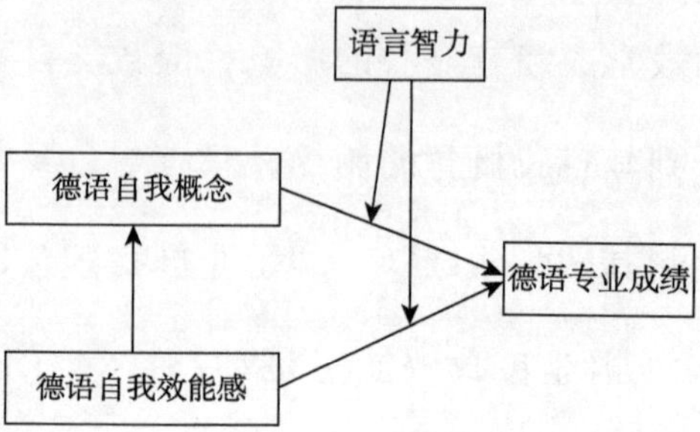

图4-1　德语自我概念充当中介变量、语言智力充当调节变量的假设模型

二、方法

中介变量是自变量对因变量发生影响的中介，即自变量通过中介变量对因变量产生作用，它们之间的作用原理可用图 4-2 表示。

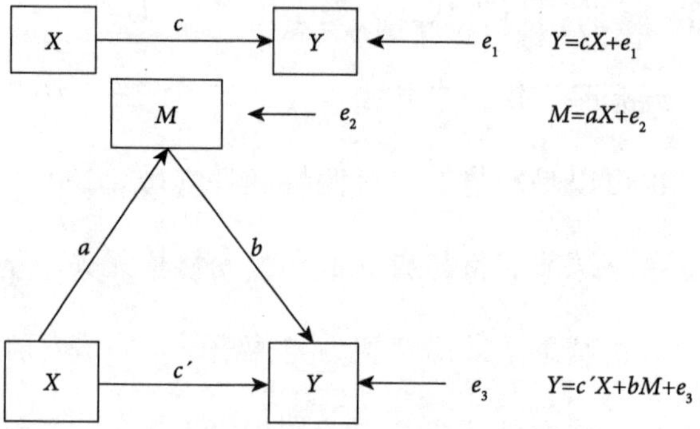

图 4-2　中介变量示意图

资料来源：引自温忠麟等（2004：615）。

调节变量是交互效应的一种，所要解释的是自变量在何种条件下影响因变量，也就是说，当自变量与因变量的相关大小或正负方向受到其他因素的影响时，这个其他因素就是该自变量与因变量之间的调节变量，其作用原理如图 4-3 所示。

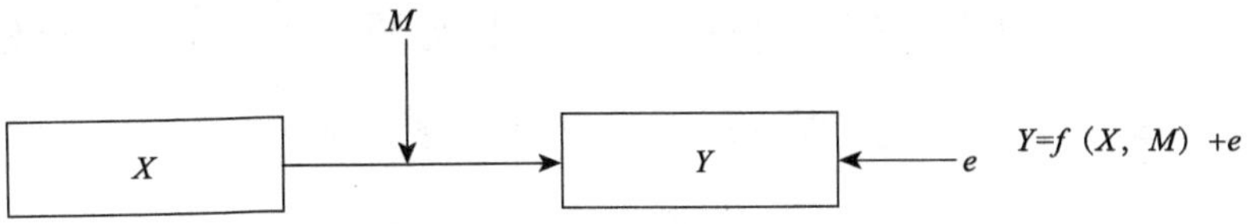

图 4-3　调节变量示意图

笔者借助本书第四章的数据，首先运用温忠麟等（2004）提出的中介效应检验程序（图 4-4）对德语自我概念的中介效应进行检验，然后采用温忠麟、侯杰泰和张雷（2005）提出的调节效应检验程序对语言智力的调节效应进行检验。

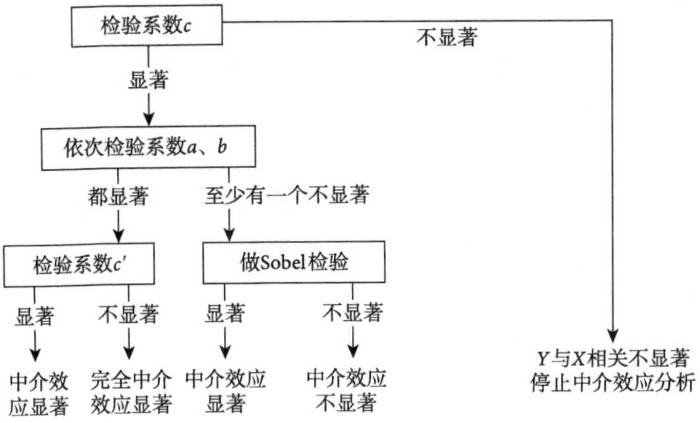

图4-4　中介效应检验程序

具体来讲，在检验中介效应时，首先用预测变量预测结果变量，进行回归分析；其次用预测变量预测中介变量，进行回归分析；最后用预测变量和中介变量同时预测结果变量，进行回归分析。

在检验调节效应时，首先对自变量与调节变量作中心化处理，并将自变量与调节变量的乘积作为调节项，之后采用强迫进入法分三步使各变量进入回归方程，即①使人口统计学变量学校类型和年级作为控制变量进入回归方程，②使自变量和调节变量同时进入回归方程，③使调节项进入回归方程。

三、结果

（一）德语自我概念是德语自我效能感与成绩的中介变量

表 4-8 显示，德语自我概念在德语自我效能感与德语专业成绩指标之间充当完全中介变量。

表 4-8　德语自我概念在德语自我效能感与德语专业成绩之间的中介效应检验汇总

因变量	步骤	回归方程式	回归系数检验
期末听力	第一步	y=0.275x	SE=0.006，t=6.597***
	第二步	m=0.792x	SE=0.029，t=31.769***
	第三步	y=0.346m	SE=0.008，t=5.239***
		+0.002x	SE=0.010，t=0.026

续表

因变量	步骤	回归方程式	回归系数检验
期末阅读	第一步	$y=0.232x$	SE=0.008，$t=4.165^{***}$
	第二步	$m=0.792x$	SE=0.029，$t=31.769^{***}$
	第三步	$y=0.383m$ $-0.076x$	SE=0.011，$t=4.164^{***}$ SE=0.013，$t=-0.832$
期末口语	第一步	$y=0.235x$	SE=0.007，$t=5.252^{***}$
	第二步	$m=0.792x$	SE=0.029，$t=31.769^{***}$
	第三步	$y=0.435m$ $-0.105x$	SE=0.009，$t=6.305^{***}$ SE=0.011，$t=-1.519$
期末写作	第一步	$y=0.317x$	SE=0.008，$t=5.287^{***}$
	第二步	$m=0.792x$	SE=0.029，$t=31.769^{***}$
	第三步	$y=0.316m$ $+0.061x$	SE=0.012，$t=3.164^{**}$ SE=0.014，$t=0.608$
期末综合德语	第一步	$y=0.302x$	SE=0.006，$t=7.478^{***}$
	第二步	$m=0.792x$	SE=0.029，$t=31.769^{***}$
	第三步	$y=0.453m$ $-0.056x$	SE=0.008，$t=7.197^{***}$ SE =0.009，$t=-0.894$
期末笔译	第一步	$y=0.347x$	SE=0.012，$t=3.931^{***}$
	第二步	$m=0.792x$	SE=0.029，$t=31.769^{***}$
	第三步	$y=0.376m$ $+0.043x$	SE=0.017，$t=2.570^{*}$ SE=0.020，$t=0.291$
期末平均成绩	第一步	$y=0.321x$	SE=0.006，$t=7.957^{***}$
	第二步	$m=0.792x$	SE=0.029，$t=31.769^{***}$
	第三步	$y=0.469m$ $-0.045x$	SE=0.008，$t=7.643^{***}$ SE=0.009，$t=-0.727$
四级听力	第一步	$y=0.196x$	SE=0.007，$t=3.764^{***}$
	第二步	$m=0.792x$	SE=0.029，$t=31.769^{***}$

续表

因变量	步骤	回归方程式	回归系数检验
四级听力	第三步	$y=0.320m$	SE=0.010，$t=3.769^{***}$
		$-0.060x$	SE=0.012，$t=-0.702$
四级阅读	第一步	$y=0.236x$	SE=0.007，$t=4.576^{***}$
	第二步	$m=0.792x$	SE=0.029，$t=31.769^{***}$
	第三步	$y=0.393m$	SE=0.010，$t=4.731^{***}$
		$-0.078x$	SE=0.012，$t=-0.942$
四级词句篇	第一步	$y=0.305x$	SE=0.007，$t=6.040^{***}$
	第二步	$m=0.792x$	SE=0.029，$t=31.769^{***}$
	第三步	$y=0.479m$	SE=0.010，$t=5.983^{***}$
		$-0.078x$	SE=0.011，$t=-0.969$
四级作文	第一步	$y=0.285x$	SE=0.007，$t=5.602^{***}$
	第二步	$m=0.792x$	SE=0.029，$t=31.769^{***}$
	第三步	$y=0.230m$	SE=0.010，$t=2.746^{**}$
		$+0.101x$	SE=0.012，$t=1.210$
四级总分	第一步	$y=0.379x$	SE=0.007，$t=7.727^{***}$
	第二步	$m=0.792x$	SE=0.029，$t=31.769^{***}$
	第三步	$y=0.516m$	SE=0.009，$t=6.718^{***}$
		$-0.033x$	SE=0.011，$t=-0.434$

*表示 $p<0.05$，**表示 $p<0.01$，***表示 $p<0.001$。

具体来讲，对于期末听力成绩而言，第一步的检验结果表明 c 显著，即自变量（德语自我效能感）对因变量（期末听力成绩）具有明显影响；第二步的检验结果表明 a 显著，即自变量（德语自我效能感）对中介变量（德语自我概念）的作用明显；第三步的检验结果表明 b 显著，但 c' 不显著，即中介变量（德语自我概念）明显影响期末听力成绩，而自变量（德语自我效能感）对期末听力成绩的影响由原来的显著变为不显著。该结果表明，德语自我概念在德语自我效能感与期末听力成绩之间具有完全中介效应，可以建模如图 4-5 所示。

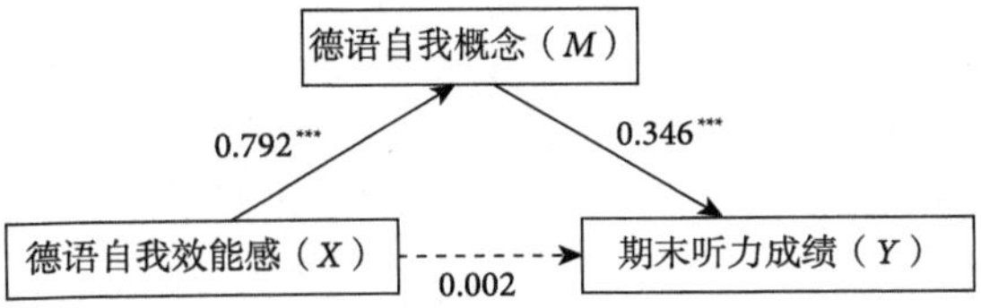

图 4-5　德语自我概念在德语自我效能感与期末听力成绩之间的中介效应模型

***表示 $p<0.001$。

对于期末阅读成绩而言，第一步的检验结果表明 c 显著，即自变量（德语自我效能感）对因变量（期末阅读成绩）具有明显的影响作用；第二步的检验结果表明 a 显著，即自变量（德语自我效能感）对中介变量（德语自我概念）的作用明显；第三步的检验结果表明 b 显著，但 c' 不显著，即中介变量（德语自我概念）明显影响期末阅读成绩，自变量（德语自我效能感）对期末阅读成绩的影响由原来的显著变为不显著。该结果表明，德语自我概念在德语自我效能感与期末阅读成绩之间具有完全中介效应，可建模如图 4-6 所示。

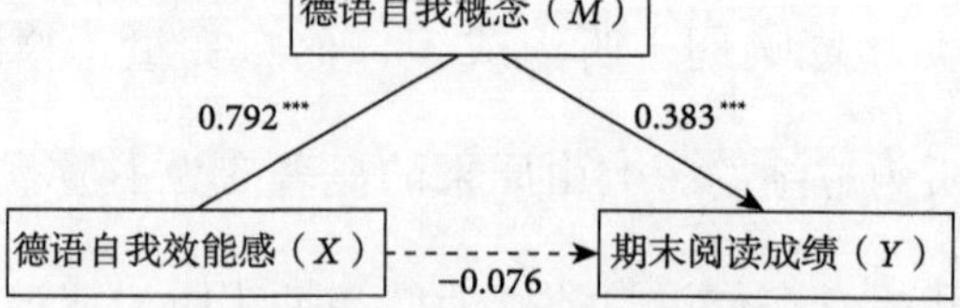

图4-6　德语自我概念在德语自我效能感与期末阅读成绩之间的中介效应模型

***表示 $p<0.001$。

对于期末口语成绩而言，第一步的检验结果表明 c 显著，即自变量（德语自我效能感）对因变量（期末口语成绩）具有明显的影响作用；第二步的检验结果表明 a 显著，即自变量（德语自我效能感）对中介变量（德语自我概念）的作用明显；第三步的检验结果表明 b 显著，但 c'不显著，即中介变量（德语自我概念）明显影响期末口语成绩，而自变量（德语自我效能感）对期末口语成绩的影响由原来的显著变为不显著。该结果表明，德语自我概念在德语自我效能感与期末口语成绩之间具有完全中介效应，可建模如图 4-7 所示。

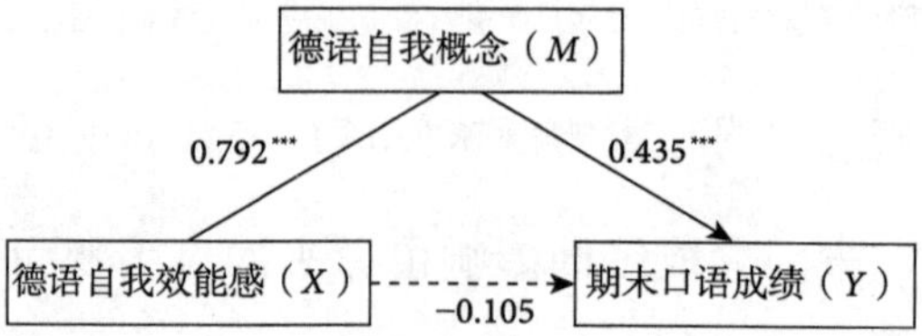

图4-7　德语自我概念在德语自我效能感与期末口语成绩之间的中介效应模型

***表示 $p<0.001$。

对于期末写作成绩而言，第一步的检验结果表明 c 显著，即自变量（德语自我效能感）对因变量（期末写作成绩）具有明显的影响作用；第二步的检验结果表明 a 显著，即自变量（德语自我效能感）对中介变量（德语自我概念）的作用明显；第三步的检验结果表明 b 显著，但 c' 不显著，即中介变量（德语自我概念）明显影响期末写作成绩，而自变量（德语自我效能感）对期末写作成绩的影响由原来的显著变为不显著。该结果表明，德语自我概念在德语自我效能感与期末写作成绩之间具有完全中介效应，可建模如图 4-8 所示。

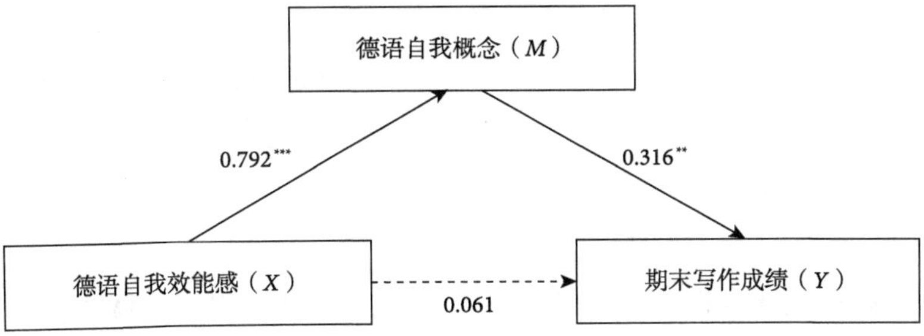

图 4-8 德语自我概念在德语自我效能感与期末写作成绩之间的中介效应模型

表示 $p<0.01$，*表示 $p<0.001$。

对于期末综合德语成绩而言，第一步的检验结果表明 c 显著，即自变量（德语自我效能感）对因变量（期末综合德语成绩）具有明显的影响作用；第二步的检验结果表明 a 显著，即自变量（德语自我效能感）对中介变量（德语自我概念）的作用明显；第三步的检验结果表明 b 显著，但 c'不显著，即中介变量（德语自我概念）明显影响期末综合德语成绩，而自变量（德语自我效能感）对期末综合德语成绩的影响由原来的显著变为不显著。该结果表明，德语自我概念在德语自我效能感与期末综合德语成绩之间具有完全中介效应，可建模如图 4-9 所示。

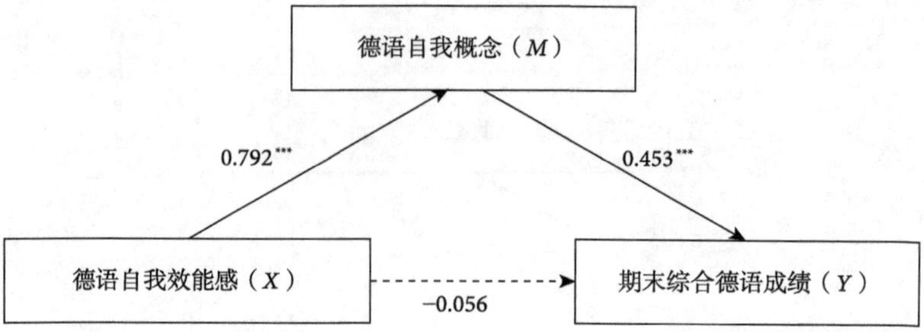

图4-9　德语自我概念在德语自我效能感与期末综合德语成绩之间的中介效应模型

***表示 $p<0.001$。

对于期末笔译成绩而言，第一步的检验结果表明 c 显著，即自变量（德语自我效能感）对因变量（期末笔译成绩）具有明显的影响作用；第二步的检验结果表明 a 显著，即自变量（德语自我效能感）对中介变量（德语自我概念）的作用明显；第三步的检验结果表明 b 显著，但 c'不显著，即中介变量（德语自我概念）明显影响期末笔译成绩，而自变量（德语自我效能感）对期末笔译成绩的影响由原来的显著变为不显著。该结果表明，德语自我概念在德语自我效能感与期末笔译成绩之间具有完全中介效应，可建模如图 4-10 所示。

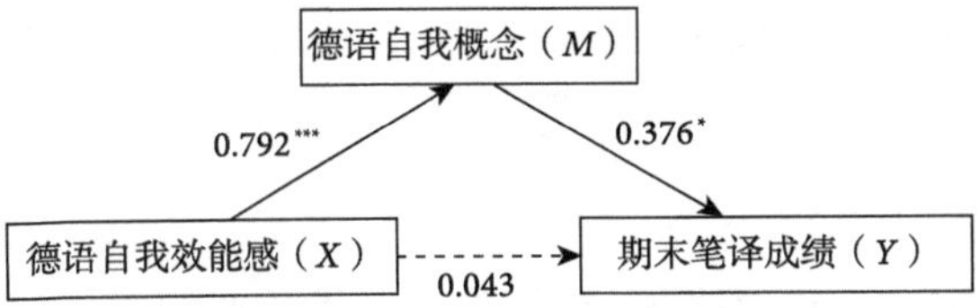

图4-10　德语自我概念在德语自我效能感与期末笔译成绩之间的中介效应模型

*表示 $p<0.05$，***表示 $p<0.001$。

对于期末平均成绩而言，第一步的检验结果表明 c 显著，即自变量（德语自我效能感）对因变量（期末平均成绩）具有明显的影响作用；第二步的检验结果表明 a 显著，即自变量（德语自我效能感）对中介变量（德语自我概念）的作用明显；第三步的检验结果表明 b 显著，但 c'不显著，即中介变量（德语自我概念）明显影响期末平均成绩，而自变量（德语自我效能感）对期末平均成绩的影响由原来的显著变为不显著。该结果表明，德语自我概念在德语自我效能感与期末平均成绩之间具有完全中介效应，可建模如图 4-11 所示。

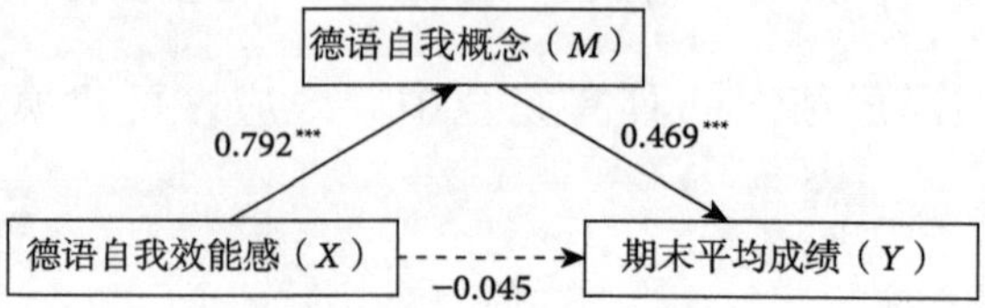

图4-11　德语自我概念在德语自我效能感与期末平均成绩之间的中介效应模型

***表示 $p<0.001$。

对于四级听力成绩而言，第一步的检验结果表明 c 显著，即自变量（德语自我效能感）对因变量（四级听力成绩）具有明显的影响作用；第二步的检验结果表明 a 显著，即自变量（德语自我效能感）对中介变量（德语自我概念）的作用明显；第三步的检验结果表明 b 显著，但 c' 不显著，即中介变量（德语自我概念）明显影响四级听力成绩，而自变量（德语自我效能感）对四级听力成绩的影响由原来的显著变为不显著。该结果表明，德语自我概念在德语自我效能感与四级听力成绩之间具有完全中介效应，可建模如图 4-12 所示。

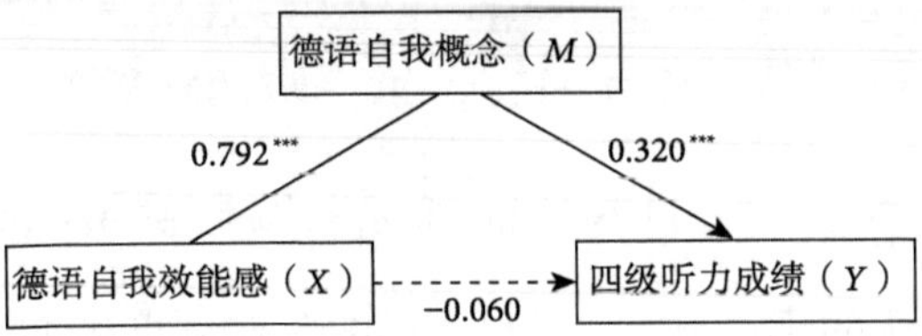

图4-12　德语自我概念在德语自我效能感与四级听力成绩之间的中介效应模型

***表示 $p<0.001$。

对于四级阅读成绩而言，第一步的检验结果表明 c 显著，即自变量（德语自我效能感）对因变量（四级阅读成绩）具有明显的影响作用；第二步的检验结果表明 a 显著，即自变量（德语自我效能感）对中介变量（德语自我概念）的作用明显；第三步的检验结果表明 b 显著，但 c'不显著，即中介变量（德语自我概念）明显影响四级阅读成绩，而自变量（德语自我效能感）对四级阅读成绩的影响由原来的显著变为不显著。该结果表明，德语自我概念在德语自我效能感与四级阅读成绩之间具有完全中介效应，可建模如图 4-13 所示。

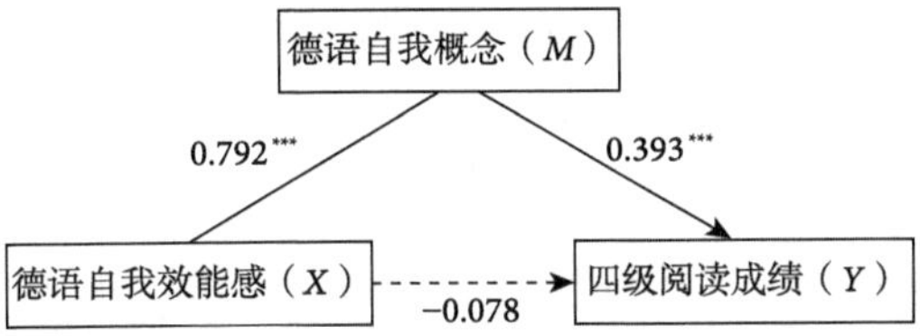

图4-13　德语自我概念在德语自我效能感与四级阅读成绩之间的中介效应模型

***表示 $p<0.001$。

对于四级词句篇成绩而言，第一步的检验结果表明 c 显著，即自变量（德语自我效能感）对因变量（四级词句篇成绩）具有明显的影响作用；第二步的检验结果表明 a 显著，即自变量（德语自我效能感）对中介变量（德语自我概念）的作用明显；第三步的检验结果表明 b 显著，但 c' 不显著，即中介变量（德语自我概念）明显影响四级词句篇成绩，自变量（德语自我效能感）对四级词句篇成绩的影响由原来的显著变为不显著。该结果表明，德语自我概念在德语自我效能感与四级词句篇成绩之间具有完全中介效应，可建模如图 4-14 所示。

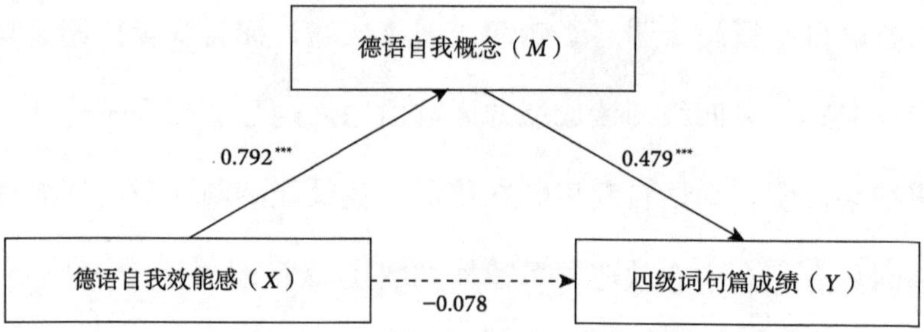

图4-14　德语自我概念在德语自我效能感与四级词句篇成绩之间的中介效应模型

***表示 $p<0.001$。

对于四级作文成绩而言，第一步的检验结果表明 c 显著，即自变量（德语自我效能感）对因变量（四级作文成绩）具有明显的影响作用；第二步的检验结果表明 a 显著，即自变量（德语自我效能感）对中介变量（德语自我概念）的作用明显；第三步的检验结果表明 b 显著，但 c' 不显著，即中介变量（德语自我概念）明显影响四级作文成绩，而自变量（德语自我效能感）对四级作文成绩的影响由原来的显著变为不显著。该结果表明，德语自我概念在德语自我效能感与四级作文成绩之间具有完全中介效应，可建模如图 4-15 所示。

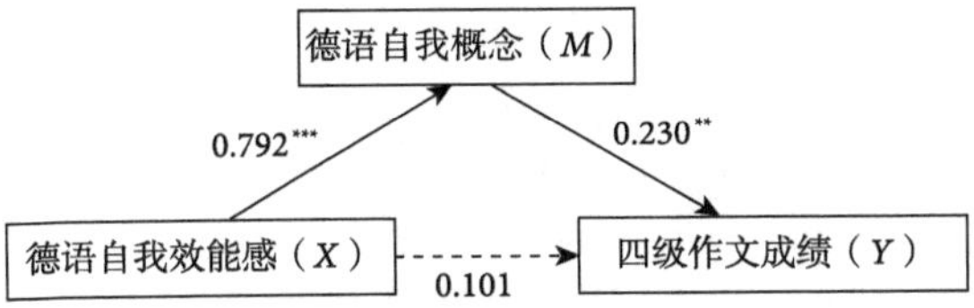

图 4-15　德语自我概念在德语自我效能感与四级作文成绩之间的中介效应模型

表示 $p<0.01$，*表示 $p<0.001$。

对于四级总分而言，第一步的检验结果表明 c 显著，即自变量（德语自我效能感）对因变量（四级总分）具有明显的影响作用；第二步的检验结果表明 a 显著，即自变量（德语自我效能感）对中介变量（德语自我概念）的作用明显；第三步的检验结果表明 b 显著，但 c' 不显著，即中介变量（德语自我概念）明显影响四级总分，而自变量（德语自我效能感）对四级总分的影响由原来的显著变为不显著。该结果表明，德语自我概念在德语自我效能感与四级总分之间具有完全中介效应，可建模如图 4-16 所示。

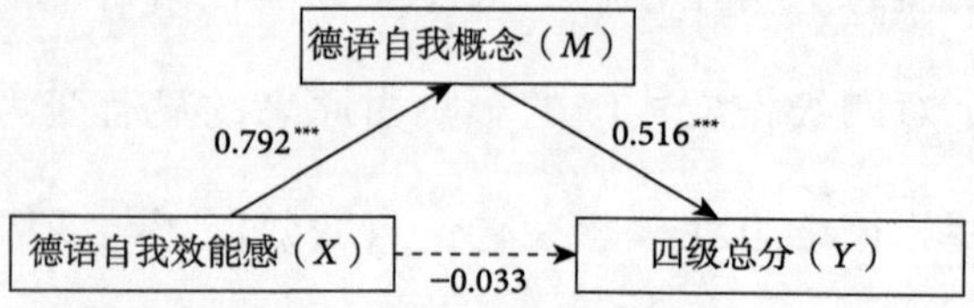

图4-16　德语自我概念在德语自我效能感与四级总分之间的中介效应模型

***表示 $p<0.001$。

（二）语言智力对德语学业自我认知构念与部分成绩指标的关系具有调节效应

1. 语言智力对德语自我概念与成绩的关系的调节效应

表 4-9 表明，语言智力仅对德语自我概念与期末阅读成绩的关系具有调节效应。

表 4-9　语言智力对德语自我概念与德语专业成绩关系的调节作用检验汇总

项目	模型	自变量							
		学校类型	年级	德语自我概念	语言智力	乘积项	R^2	ΔR^2	F
期末听力	M1	0.000	0.000				0.000	0.000	0.000
	M2	0.028	0.007	0.295***	0.076		0.093	0.093***	10.853***
	M3	0.026	0.009	0.299***	0.075	0.042	0.095	0.002	8.841***

续表

项目	模型	自变量							
		学校类型	年级	德语自我概念	语言智力	乘积项	R^2	ΔR^2	F
期末阅读	M1	0.000	0.000				0.000	0.000	0.000
	M2	−0.005	0.016	0.305***	0.019		0.094	0.094***	6.786***
	M3	0.005	−0.005	0.311***	0.019	0.142*	0.113	0.020*	6.707***
期末口语	M1	0.000	0.000				0.000	0.000	0.000
	M2	0.007	0.006	0.313***	0.026		0.098	0.098***	7.940***
	M3	0.006	0.002	0.312***	0.028	−0.034	0.100	0.001	7.940***
期末写作	M1	0.000	0.000				0.000	0.000	0.000
	M2	0.015	−0.002	0.383***	0.017		0.148	0.148***	9.088***
	M3	0.003	0.003	0.390***	0.025	0.103	0.158	0.010	7.839***
期末综合德语	M1	0.000	0.000				0.000	0.000	0.000
	M2	0.022	0.006	0.382***	0.007		0.146	0.146***	19.042***
	M3	0.021	0.008	0.387***	0.007	0.059	0.149	0.003	15.624***
期末笔译	M1	0.000					0.000	0.000	0.000
	M2	0.130		0.433***	0.159		0.203	0.203***	9.418***
	M3	0.123		0.444***	0.186*	0.145	0.223	0.020	7.891***
期末平均成绩	M1	0.000	0.000				0.000	0.000	0.000
	M2	0.022	0.012	0.401***	0.050		0.165	0.165***	21.610***
	M3	0.022	0.012	0.406***	0.049	0.059	0.168	0.003	17.683***
四级听力	M1	0.005	−0.004				0.000	0.000	0.006
	M2	0.027	0.005	0.308***	0.126*		0.108	0.108***	9.078***
	M3	0.023	0.004	0.311***	0.129*	0.073	0.114	0.005	7.638***
四级阅读	M1	0.005	−0.004				0.000	0.000	0.005
	M2	0.026	0.007	0.377***	0.116		0.153	0.153***	13.517***
	M3	0.028	0.007	0.376***	0.114*	−0.043	0.155	0.002	10.931***

续表

项目	模型	自变量							
		学校类型	年级	德语自我概念	语言智力	乘积项	R^2	ΔR^2	F
四级词句篇	M1	−0.011	0.010				0.000	0.000	0.030
	M2	−0.002	0.021	0.442***	0.026		0.195	0.195***	18.108***
	M3	−0.004	0.021	0.443***	0.028	0.045	0.197	0.002	14.623***
四级作文	M1	−0.024	0.021				0.001	0.001	0.141
	M2	−0.014	0.029	0.310***			0.098	0.097***	8.120***
	M3	−0.014	0.029	0.310***	0.006		0.098	0.000	6.478***
四级总分	M1	−0.013	0.012				0.000	0.000	0.045
	M2	0.009	0.025	0.503***	0.109*		0.262	0.262***	26.538***
	M3	0.006	0.025	0.505***	0.111*	0.050	0.265	0.003	21.436***

*表示 $p<0.05$，***表示 $p<0.001$。

注：笔译课程仅在每个大学的第三学年开设，故人口统计学变量仅为学校类型。

具体来讲，当因变量为期末听力成绩时，在控制了人口统计学变量后，德语自我概念对它的正向预测作用显著（β=0.295，p<0.001），语言智力的预测效应不显著；在控制了人口统计学变量和德语自我概念与语言智力后，德语自我概念与语言智力的乘积对因变量的预测作用不显著（β=0.042，p>0.05），这说明语言智力不对德语自我概念与期末听力成绩的关系产生显著的调节作用。

当因变量为期末阅读成绩时，在控制了人口统计学变量后，德语自我概念对它的正向预测作用显著（β=0.305，p<

0.001），语言智力的预测效应不显著；在控制了人口统计学变量和德语自我概念与语言智力后，德语自我概念与语言智力的乘积对因变量的预测作用（β=0.142，p<0.05）显著，这说明语言智力对德语自我概念与期末阅读成绩的关系具有显著的调节作用，可建模如图 4-17 所示。

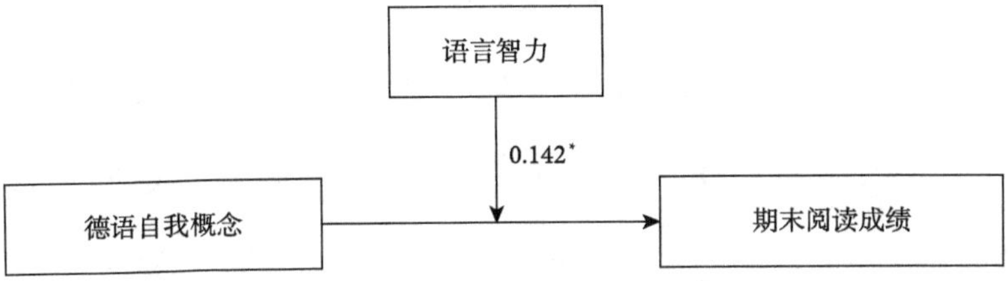

图 4-17　语言智力对德语自我概念与期末阅读成绩关系的调节效应模型

*表示 p<0.05。

当因变量为期末口语成绩时，在控制了人口统计学变量后，德语自我概念对它的正向预测作用显著（β=0.313，p<0.001），语言智力的预测效应不显著；在控制了人口统计学变量和德语自我概念与语言智力后，德语自我概念与语言智力的乘积对因变量的预测作用不显著（β=−0.034，p>0.05），这说明语言智力不对德语自我概念与期末口语成绩的关系产生显著的调节作用。

当因变量为期末写作成绩时，在控制了人口统计学变量后，德语自我概念对它的正向预测作用显著（β=0.383，p<

0.001），语言智力的预测效应不显著；在控制了人口统计学变量和德语自我概念与语言智力后，德语自我概念与语言智力的乘积对因变量的预测作用不显著（β=0.103，p>0.05），这说明语言智力不对德语自我概念与期末写作成绩的关系产生显著的调节作用。

当因变量为期末综合德语成绩时，在控制了人口统计学变量后，德语自我概念对它的正向预测作用显著（β=0.382，p<0.001），语言智力的预测效应不显著；在控制了人口统计学变量和德语自我概念与语言智力后，德语自我概念与语言智力的乘积对因变量的预测作用不显著（β=0.059，p>0.05），这说明语言智力不对德语自我概念与期末综合德语成绩的关系产生显著的调节作用。

当因变量为期末笔译成绩时，在控制了人口统计学变量后，德语自我概念对它的正向预测作用显著（β=0.433，p<0.001），语言智力的预测效应不显著；在控制了人口统计学变量和德语自我概念与语言智力后，德语自我概念与语言智力的乘积对因变量的预测作用不显著（β=0.145，p>0.05），这说明语言智力不对德语自我概念与期末笔译成绩的关系产生显著的调节作用。

当因变量为期末平均成绩时，在控制了人口统计学变量后，德语自我概念对它的正向预测作用显著（β=0.401，p<0.001），语言智力的预测效应不显著；在控制了人口统计学变量和德语自我概念与语言智力后，德语自我概念与语言智力的乘积对因变量的预测作用不显著（β=0.059，p>0.05），这说明语言智力不对德语自我概念与期末平均成绩的关系产生显著的调节作用。

当因变量为四级听力成绩时，在控制了人口统计学变量后，德语自我概念对它的正向预测作用显著（β=0.308，p<0.001），语言智力的预测效应显著（β=0.126，p<0.05）；在控制了人口统计学变量和德语自我概念与语言智力后，德语自我概念与语言智力的乘积对因变量的预测作用不显著（β=0.073，p>0.05），这说明语言智力不对德语自我概念与四级听力成绩的关系产生显著的调节作用。

当因变量为四级阅读成绩时，在控制了人口统计学变量后，德语自我概念对它的正向预测作用显著（β=0.377，p<0.001），语言智力的预测效应不显著；在控制了人口统计学变量和德语自我概念与语言智力后，德语自我概念与语言智力

的乘积对因变量的预测作用不显著（β=−0.043，p>0.05），这说明语言智力不对德语自我概念与四级阅读成绩的关系产生显著的调节作用。

当因变量为四级词句篇成绩时，在控制了人口统计学变量后，德语自我概念对它的正向预测作用显著（β=0.442，p<0.001），语言智力的预测效应不显著；在控制了人口统计学变量和德语自我概念与语言智力后，德语自我概念与语言智力的乘积对因变量的预测作用不显著（β=0.045，p>0.05），这说明语言智力不对德语自我概念与四级词句篇成绩的关系产生显著的调节作用。

当因变量为四级作文成绩时，在控制了人口统计学变量后，德语自我概念对它的正向预测作用显著（β=0.310，p<0.001），语言智力的预测效应不显著；在控制了人口统计学变量和德语自我概念与语言智力后，德语自我概念与语言智力的乘积对因变量的预测作用不显著（β=0.006，p>0.05），这说明语言智力不对德语自我概念与四级作文成绩的关系产生显著的调节作用。

当因变量为四级总分时，在控制了人口统计学变量后，德语自我概念对它的正向预测作用显著（β=0.503，p<0.001），语言智力的预测效应显著（β=0.109，p<0.05）；在控制了人口统计学变量和德语自我概念与语言智力后，德语自我概念与语言智力的乘积对因变量的预测作用不显著（β=0.050，p>0.05），这说明语言智力不对德语自我概念与四级总分的关系产生显著的调节作用。

2. 语言智力对德语自我效能感与成绩的关系的调节效应

表 4-10 表明，语言智力对德语自我效能感与少数成绩指标的关系具有调节效应。

表 4-10　语言智力对德语自我效能感与德语专业成绩关系的调节作用检验汇总

项目	模型	自变量							
		学校类型	年级	德语自我效能感	语言智力	乘积项	R^2	ΔR^2	F
期末听力	M1	0.000	0.000				0.000	0.000	0.000
	M2	0.018	0.007	0.239***	0.067		0.064	0.064***	7.168***
	M3	0.021	0.006	0.259***	0.074	0.090	0.071	0.008	6.456***
期末阅读	M1	0.000	0.000				0.000	0.000	0.000
	M2	−0.006	0.009	0.205***	0.011		0.042	0.042***	2.902***
	M3	0.015	−0.019	0.230***	0.011	0.144*	0.062	0.020*	3.452***
期末口语	M1	0.000	0.000				0.000	0.000	0.000
	M2	−0.001	0.006	0.200***	0.014		0.040	0.040***	3.795***
	M3	−0.001	0.006	0.200***	0.014	−0.002	0.0 400	0.000	3.028*

续表

项目	模型	自变量							
		学校类型	年级	德语自我效能感	语言智力	乘积项	R^2	ΔR^2	F
期末写作	M1	0.000	0.000				0.000	0.000	0.000
	M2	−0.028	0.035	0.337***	−0.018		0.111	0.111***	6.565***
	M3	−0.035	0.004	0.356***	0.004	0.114	0.123	0.012	5.871***
期末综合德语	M1	0.000	0.000				0.000	0.000	0.000
	M2	0.004	0.005	0.267***	−0.005		0.071	0.071***	8.541***
	M3	0.010	0.004	0.286***	0.004	0.096*	0.080	0.009*	7.729***
期末笔译	M1	0.000					0.000	0.000	0.000
	M2	0.082		0.346***	0.137		0.142	0.142***	6.102***
	M3	0.083		0.367***	0.175	0.171	0.169	0.027	5.585***
期末平均成绩	M1	0.000	0.000				0.000	0.000	0.000
	M2	0.005	0.014	0.293***	0.039		0.090	0.090***	10.814***
	M3	0.013	0.011	0.315***	0.051	0.105*	0.100	0.010	9.737***
四级听力	M1	0.005	−0.004				0.000	0.000	0.006
	M2	0.012	0.015	0.227***	0.103*		0.064	0.064***	5.135***
	M3	0.020	0.016	0.246***	0.120*	0.121*	0.078	0.014*	5.052***
四级阅读	M1	0.005	−0.004				0.000	0.000	0.005
	M2	0.009	0.018	0.267***	0.089		0.081	0.081***	6.604***
	M3	0.011	0.019	0.272***	0.093	0.034	0.082	0.001	5.343***
四级词句篇	M1	−0.011	0.010				0.000	0.000	0.030
	M2	−0.022	0.035	0.313***	−0.006		0.097	0.097***	8.051***
	M3	−0.018	0.036	0.324***	0.003	0.067	0.102	0.004	6.736***

续表

项目	模型	自变量							
		学校类型	年级	德语自我效能感	语言智力	乘积项	R^2	ΔR^2	F
四级作文	M1	−0.024	0.021				0.001	0.001	0.141
	M2	−0.030	0.042	0.260***	0.016		0.069	0.068***	5.510***
	M3	−0.028	0.042	0.266***	0.021	0.037	0.070	0.001	4.482***
四级总分	M1	−0.013	0.012				0.000	0.000	0.045
	M2	−0.016	0.042	0.371***	0.072		0.145	0.145***	12.665***
	M3	−0.010	0.043	0.385***	0.084	0.092	0.153	0.008	10.758***

*表示 $p<0.05$，***表示 $p<0.001$。

注：笔译课程仅在每个大学的第三学年开设，故人口统计学变量仅为学校类型。

具体来讲，当因变量为期末听力成绩时，在控制了人口统计学变量后，德语自我效能感对它的正向预测作用显著（β=0.239，$p<0.001$），语言智力的预测效应不显著；在控制了人口统计学变量和德语自我效能感与语言智力后，德语自我效能感与语言智力的乘积对因变量的预测作用不显著（β=0.090，$p>0.05$），这说明语言智力不对德语自我效能感与期末听力成绩的关系产生显著的调节作用。

当因变量为期末阅读成绩时，在控制了人口统计学变量后，德语自我效能感对它的正向预测作用显著（β=0.205，$p<0.001$），语言智力的预测效应不显著；在控制了人口统计学

变量和德语自我效能感与语言智力后，德语自我效能感与语言智力的乘积对因变量的预测作用显著（β=0.144，p<0.05），这说明语言智力对德语自我效能感与期末阅读成绩的关系具有显著的调节作用，可建模如图 4-18 所示。

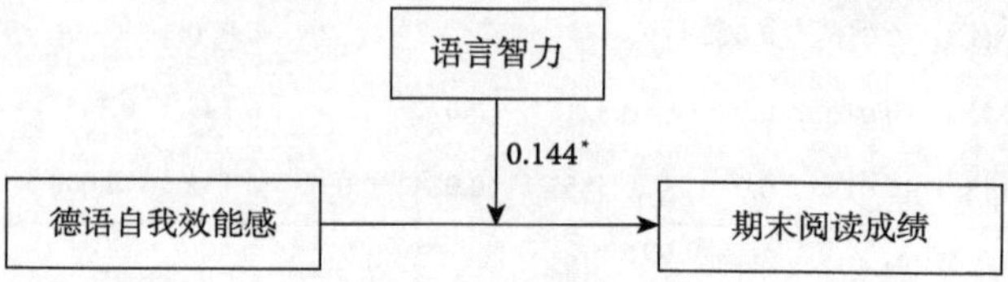

图4-18　语言智力对德语自我效能感与期末阅读成绩关系的调节效应模型

*表示 p<0.05。

当因变量为期末口语成绩时，在控制了人口统计学变量后，德语自我效能感对它的正向预测作用显著（β=0.200，p<0.001），语言智力的预测效应不显著；在控制了人口统计学变量和德语自我效能感与语言智力后，德语自我效能感与语言智力的乘积对因变量的预测作用不显著（β=−0.002，p>0.05），这说明语言智力不对德语自我效能感与期末口语成绩的关系产生显著的调节作用。

当因变量为期末写作成绩时，在控制了人口统计学变量后，德语自我效能感对它的正向预测作用显著（β=0.337，p<

0.001），语言智力的预测效应不显著；在控制了人口统计学变量和德语自我效能感与语言智力后，德语自我效能感与语言智力的乘积对因变量的预测作用不显著（β=0.114，p>0.05），这说明语言智力不对德语自我效能感与期末写作成绩的关系产生显著的调节作用。

当因变量为期末综合德语成绩时，在控制了人口统计学变量后，德语自我效能感对它的正向预测作用显著（β=0.267，p<0.001），语言智力的预测效应不显著；在控制了人口统计学变量和德语自我效能感与语言智力后，德语自我效能感与语言智力的乘积对因变量的预测作用显著（β=0.096，p<0.05），这说明语言智力对德语自我效能感与期末综合德语成绩的关系产生显著的调节作用，可建模如图 4-19 所示。

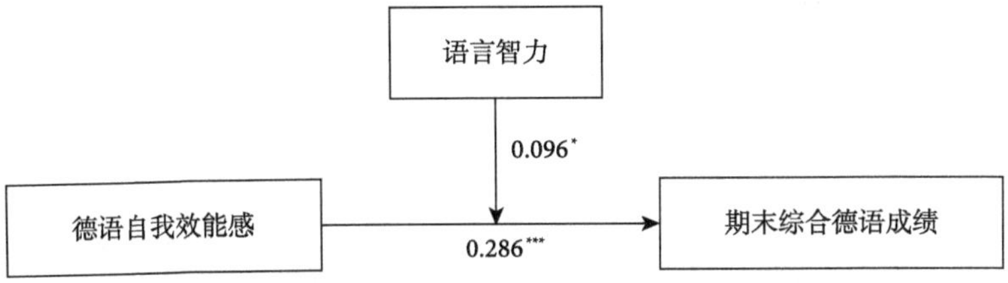

图4-19　语言智力对德语自我效能感与期末综合德语成绩关系的调节效应模型

*表示 p<0.05，***表示 p<0.001。

当因变量为期末笔译成绩时，在控制了人口统计学变量后，德语自我效能感对它的正向预测作用显著（β=0.346，p<0.001），语言智力的预测效应不显著；在控制了人口统计学变量和德语自我效能感与语言智力后，德语自我效能感与语言智力的乘积对因变量的预测作用不显著（β=0.171，p>0.05），这说明语言智力不对德语自我效能感与期末笔译成绩的关系产生显著的调节作用。

当因变量为期末平均成绩时，在控制了人口统计学变量后，德语自我效能感对它的正向预测作用显著（β=0.293，p<0.001），语言智力的预测效应不显著；在控制了人口统计学变量和德语自我效能感与语言智力后，德语自我效能感与语言智力的乘积对因变量的预测作用显著（β=0.105，p<0.05），这说明语言智力对德语自我效能感与期末平均成绩的关系产生显著的调节作用，可建模如图 4-20 所示。

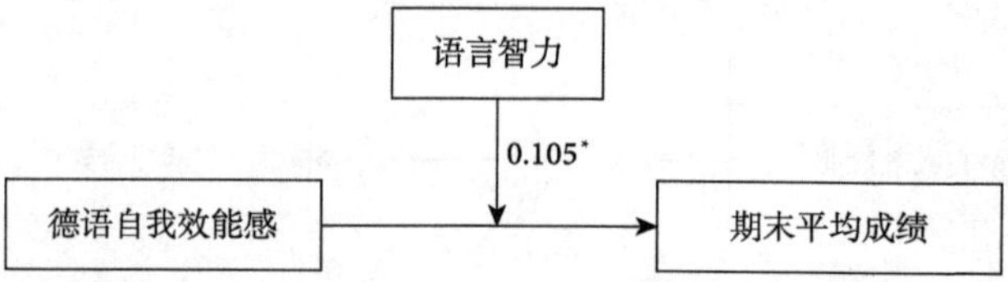

图4-20　语言智力对德语自我效能感与期末平均成绩关系的调节效应模型

*表示 $p<0.05$。

当因变量为四级听力成绩时，在控制了人口统计学变量后，德语自我效能感对它的正向预测作用显著（$\beta=0.227$，$p<0.001$），语言智力的预测效应不显著；在控制了人口统计学变量和德语自我效能感与语言智力后，德语自我效能感与语言智力的乘积对因变量的预测作用显著（$\beta=0.121$，$p<0.05$），这说明语言智力对德语自我效能感与期末综合德语成绩的关系产生显著的调节作用，可建模如图 4-21 所示。

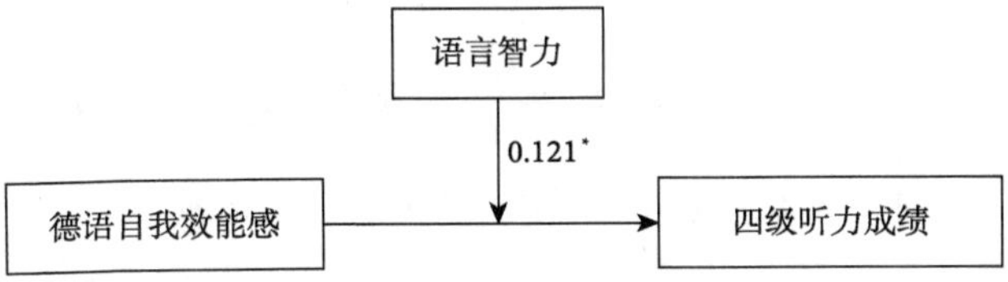

图 4-21 语言智力对德语自我效能感与四级听力成绩关系的调节效应模型

*表示 $p<0.05$。

当因变量为四级阅读成绩时，在控制了人口统计学变量后，德语自我效能感对它的正向预测作用显著（$\beta=0.267$，$p<0.001$），语言智力的预测效应不显著；在控制了人口统计学变量和德语自我效能感与语言智力后，德语自我效能感与语言智力的乘积对因变量的预测作用不显著（$\beta=0.034$，$p>0.05$），这说明语言智力不对德语自我效能感与四级阅读成绩的关系产生显著的调节作用，不能构建相应模型。

当因变量为四级词句篇成绩时，在控制了人口统计学变量后，德语自我效能感对它的正向预测作用显著（$\beta=0.313$，$p<0.001$），语言智力的预测效应不显著；在控制了人口统计学变量和德语自我效能感与语言智力后，德语自我效能感与语言智力的乘积对因变量的预测作用不显著（$\beta=0.067$，$p>0.05$），这说明语言智力不对德语自我效能感与四级词句篇成绩的关系产生显著的调节作用。

当因变量为四级作文成绩时，在控制了人口统计学变量后，德语自我效能感对它的正向预测作用显著（$\beta=0.260$，$p<0.001$），语言智力的预测效应不显著；在控制了人口统计学变量和德语自我效能感与语言智力后，德语自我效能感与语言智力的乘积对因变量的预测作用不显著（$\beta=0.037$，$p>0.05$），这说明语言智力不对德语自我效能感与四级作文成绩的关系产生显著的调节作用。

当因变量为四级总分成绩时，在控制了人口统计学变量后，德语自我效能感对它的正向预测作用显著（$\beta=0.371$，$p<0.001$），语言智力的预测效应不显著；在控制了人口统计学

变量和德语自我效能感与语言智力后，德语自我效能感与语言智力的乘积对因变量的预测作用不显著（β=0.092，p>0.05），这说明语言智力不对德语自我效能感与四级总分的关系产生显著的调节作用。

综上，德语学业自我认知构念、语言智力与德语专业成绩之间的关系可构建为如图 4-22~图 4-24 所示的模型。

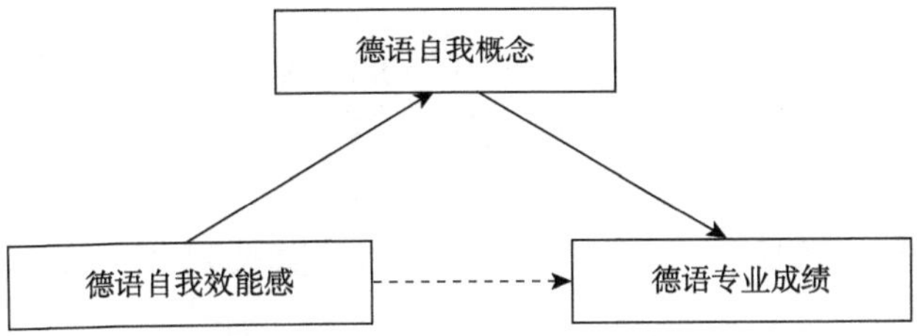

图 4-22　德语自我概念充当德语自我效能感与德语专业成绩之间的完全中介变量模型

注：实线箭头表明一个变量对另一个变量具有效应，虚线箭头表明一个变量对另一个变量不具有效应。

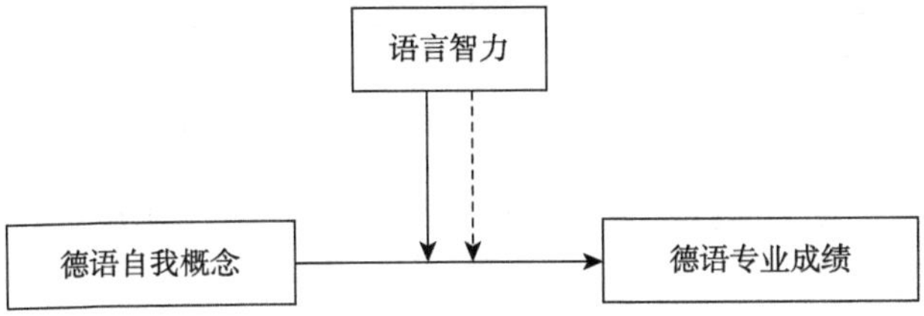

图 4-23　语言智力充当德语自我概念与德语专业成绩关系的调节作用模型

注：实线箭头表示效应显著，虚线箭头表示效应不显著。语言智力的调节效应取决于具体的成绩指标。

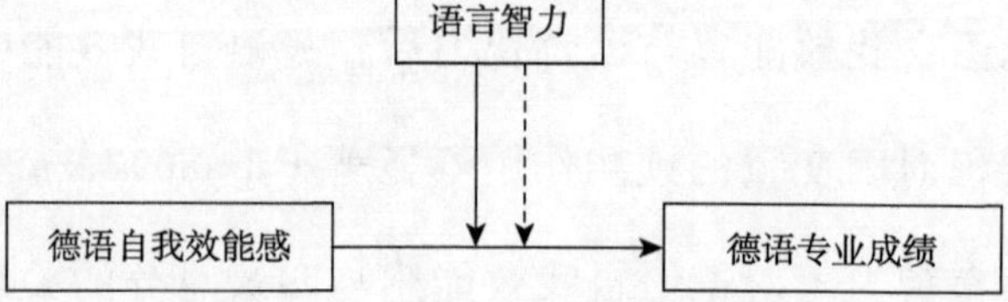

图4-24 语言智力充当德语自我效能感与德语专业成绩关系的调节作用模型

注：实线箭头表示效应显著，虚线箭头表示效应不显著。语言智力的调节效应取决于具体的成绩指标。

四、讨论

（一）德语自我概念在德语自我效能感与德语专业成绩之间充当完全中介变量

以上结果显示，德语自我效能感不直接对德语专业成绩产生影响，而是通过德语自我概念间接地对德语专业成绩发生作用。该结论完全验证了笔者的假设。究其原因，笔者认为，如前述，自我概念比自我效能感稳定：自我效能感往往与具体情境、任务相连，而自我概念是对学业情况的总的综合评价。为进一步验证该结论，笔者拟在本书第五章采用纵向研究方法，再次探讨德语自我认知构念之间及其与德语专业成绩的关系。

（二）语言智力的调节作用不充分

该结论部分验证了笔者的假设。语言智力分别对德语自我概念、德语自我效能感与少数成绩指标的关系起调节作用，这意味着对于大多数成绩指标而言，语言智力的变化不会改变这两个学业自我认知构念对德语专业成绩的影响程度。该结论与第四章获得的语言智力仅与少数成绩指标相关以及仅对少数成绩指标具有显著预测效应的结论呼应。它们均提示，德语专业教师和研究者不应过多关注学生的语言智力。

第五章　德语学业自我认知构念与专业成绩关系的纵向研究

如前所述，学界对学业自我概念与学业成绩的因果关系有三种观点。第一种是学业自我概念影响学业成绩（自我—增强模型），第二种是学业成绩影响学业自我概念（技能—发展模型），第三种是交互影响模型（陈晓惠、石文典，2016），即学业自我概念既对学业成绩产生影响，又受学业自我概念的影响，并且学业成绩对学业自我概念的影响通常强于学业自我概念对学业成绩的影响（Moschner & Dickhäuser，2018）。该模型得到许多研究者的支持。

同样，学界对学业自我效能感与学业成绩关系的看法也不一致。不过，较普遍的看法也是二者有交互关系（Köller & Möller，2018）。

本书第四章探讨学业自我认知构念与德语专业成绩关系

的研究为横向研究。横向研究虽然能查明变量的相关关系，但不能揭示它们之间的因果关系，因此笔者不能确定以上哪种模型可以解释德语专业学生的学业自我认知构念与专业成绩的关系。而纵向研究则能确定长期的影响、变化或验证假设（Klauer，2006），能确定因果关系的方向和强度（马晶鑫，2010）。因此，本章拟采用纵向设计，探讨德语学业自我认知构念与专业成绩的交互关系，为将来的教学干预提供更全面的实证基础。

第一节　德语学业自我认知构念与专业成绩的描述统计

一、研究目的

查明德语自我概念、德语自我效能感和德语专业成绩各指标的描述统计量，为接下来的因果关系研究奠定基础。

二、方法

1. 被试

由于部分学生可能在大三、大四时出国，因此，为保证被试人数的稳定性，笔者选择大一、大二年级的学生为研究对象。

采取整群抽样的方法，抽取重庆市某专业外语院校德语专业一年级全体学生（共76名，其中男生14名，女生62名）。

2. 变量

主要变量包括①德语自我概念；②德语自我效能感；③德语专业成绩：至少要开设两学期的听写、听力、阅读、口语、写作、综合德语等课程的期末成绩及其平均成绩。为使每门课程成绩具有可比性，笔者将所有成绩指标转换为标准分数，进行统计分析。各项成绩从该校教务处获得。

3. 施测

根据 Marsh 等的观点，要探讨学业自我概念与学业成绩的关系，对两个变量的测量至少为两次，并且间隔时间不能太长，最多不能超过一年（郭成、何晓燕、张大均，2006），但也不能太短（陈晓惠、石文典，2016）。鉴于德语专业学生在每学期末均有重要的学科考试，笔者以学期为单位，共考察四次，即纵向研究持续两学年。为比较学业自我概念、学业自我效能感与成绩的关系，每次都同时测量这两个变量。

四次测量时间分别是 2011 年 12 月、2012 年 6 月、2012 年

12月、2013年6月，每次都在期末考试前一、两周内进行。笔者在征得任课教师的同意后，使用所修订的学业自我概念和学业自我效能感量表，在上课时间施测。笔者担任主试，在学生答完题后立即收回量表。四次测量程序完全相同。

4. 数据处理与统计分析

采用SPSS 16.0软件对数据进行分析处理。

三、结果

对所测量的四次德语自我认知构念和专业成绩的描述统计结果如表5-1所示。具体来讲，在四次德语自我概念的平均分中，第三次最低（M=29.43），第二次最高（M=30.3）。四次成绩从小到大依次为第三次、第一次、第四次、第二次。

表5-1　四次测量中各变量的平均数和标准差及有效人数

变量	第一次测量			第二次测量			第三次测量			第四次测量		
	N	M	SD	N	M	SD	N	M	SD	N	M	SD
德概	75	29.59	7.02	73	30.3	7.48	75	29.43	7.17	74	29.70	6.61
德效	76	29.72	5.63	73	29.81	6.27	75	28.92	6.50	74	29.45	6.45
均分	75	79.14	8.12	71	73.25	7.05	75	78.27	6.82	74	78.32	8.55
综德	75	75.63	12.68	71	71.97	11.27	75	74.84	10.65	75	69.24	11.94
听力				71	67.08	9.16	75	79.89	8.45	75	78.85	9.95
口语				71	80.70	6.92	75	77.00	7.53	75	88.00	6.51
听写							75	78.01	11.79	75	80.51	14.47
阅读							75	76.77	8.00	75	77.71	8.99

续表

变量	第一次测量			第二次测量			第三次测量			第四次测量		
	N	*M*	SD	*N*	*M*	SD	*N*	*M*	SD	*N*	*M*	SD
写作							75	83.13	8.49	74	75.72	15.40

注：（1）德概=德语自我概念，德效=德语自我效能感，均分=期末平均成绩，综德=综合德语。

（2）四次测量指对德语自我概念和德语自我效能感的测量。成绩从教务处获得。

就德语自我效能感的平均分而言，第三次最低（*M*=28.92），第二次最高（*M*=29.81），四次成绩从小到大依次为第三次、第四次、第一次、第二次。

就期末平均成绩而言，第二次最低（*M*=73.25），第一次最高（*M*=79.14），四次成绩从小到大依次为第二次、第三次、第四次、第一次。

就综合德语的平均成绩而言，第四次最低（*M*=69.24），第一次最高（*M*=75.63）。四次成绩均值从小到大依次为第四次、第二次、第三次、第一次。

就听力的平均成绩而言，第一次测量时该学期没有该课程，第二次最低（*M*=67.08），第三次最高（*M*=79.89）。第四次居中。

就口语的平均成绩而言，第一次测量时该学期没有该课程，第三次最低（*M*=77.00），第四次最高（*M*=88.00），第二次居中（M=80.70）。

在听写的平均成绩中，第一和第二次测量时该学期没有该课程，第四次（M=80.51）高于第三次（M=78.01）。

在阅读的平均成绩中，第一和第二次测量时该学期没有该课程，第四次（M=77.71）高于第三次（M=76.77）。

在写作的平均成绩中，第一和第二次测量时该学期没有该课程，第三次（M=83.13）高于第四次（M=75.72）。

第二节　德语学业自我认知构念与专业成绩的纵向相关分析

为动态考察德语专业学生的德语学业自我认知与专业成绩的关系，对各测量了四次的德语自我概念、德语自我效能感和对应学期的专业成绩进行相关分析，取得以下结果（表 5-2 和表 5-3）。

表 5-2　德语自我概念与专业成绩的纵向相关关系

项目	T1 德语自我概念	T2 德语自我概念	T3 德语自我概念	T4 德语自我概念
T1 综合德语	0.376**	0.147	0.271*	0.353**
T1 平均成绩	0.364**	0.149	0.260*	0.342**
T2 听力	0.163	0.035	0.066	0.155

续表

项目	T1 德语自我概念	T2 德语自我概念	T3 德语自我概念	T4 德语自我概念
T2 口语	0.245*	−0.045	0.232	0.183
T2 综合德语	0.260*	0.207	0.324**	0.247*
T2 平均成绩	0.289*	0.110	0.277*	0.255*
T3 听写	0.144	−0.019	0.160	0.019
T3 听力	0.209	0.202	0.360**	0.304**
T3 口语	0.428***	0.092	−0.034	0.195
T3 阅读	0.288*	0.091	0.249*	0.220
T3 写作	0.252*	0.155	0.408***	0.374**
T3 综合德语	0.227	0.053	0.253*	0.220
T3 平均成绩	0.330**	0.116	0.313**	0.294*
T4 听写	0.197	0.048	0.212	0.178
T4 听力	0.262*	0.203	0.272*	0.240*
T4 口语	0.335**	0.266*	0.291*	0.211
T4 阅读	0.187	0.073	0.198	0.261*
T4 写作	0.108	0.057	0.131	0.120
T4 综合德语	0.205	0.096	0.320**	0.304**
T4 平均成绩	0.264*	0.144	0.304**	0.287*

*表示 $p<0.05$，**表示 $p<0.01$，***表示 $p<0.001$。

注：T1=第一次测量，T2=第二次测量，T3=第三次测量，T4=第四次测量。

表 5-3　德语自我效能感与专业成绩的纵向相关关系

项目	T1 德语自我效能感	T2 德语自我效能感	T3 德语自我效能感	T4 德语自我效能感
T1 综合德语	0.325**	0.182	0.254*	0.389**
T1 平均成绩	0.338**	0.193	0.304**	0.403***
T2 听力	0.182	0.063	0.073	0.312**
T2 口语	0.217	0.036	0.132	0.244*

续表

项目	T1 德语自我效能感	T2 德语自我效能感	T3 德语自我效能感	T4 德语自我效能感
T2 综合德语	0.169	0.151	0.324**	0.367**
T2 平均成绩	0.240*	0.119	0.248*	0.406***
T3 听写	0.210	−0.030	0.221	0.353**
T3 听力	0.275*	0.176	0.306**	0.406***
T3 口语	0.243*	0.093	0.129	0.159
T3 阅读	0.191	−0.021	0.149	0.186
T3 写作	0.257*	0.099	0.297*	0.393**
T3 综合德语	0.223	−0.038	0.123	0.347**
T3 平均成绩	0.310**	0.051	0.273*	0.430***
T4 听写	0.292*	0.024	0.177	0.287*
T4 听力	0.324**	0.193	0.260*	0.385**
T4 口语	0.270*	0.159	0.225	0.211
T4 阅读	0.226	0.066	0.227	0.437***
T4 写作	0.126	−0.055	0.172	0.305**
T4 综合德语	0.170	0.013	0.225	0.338**
T4 平均成绩	0.306**	0.070	0.278*	0.434***

*表示 $p<0.05$，**表示 $p<0.01$，***表示 $p<0.001$。

注：T1=第一次测量，T2=第二次测量，T3=第三次测量，T4=第四次测量。

一、德语自我概念与专业成绩的纵向相关关系

表 5-2 显示，T1 德语自我概念与 T1 综合德语、T1 平均成绩的相关显著（r=0.376，p<0.01；r=0.364，p<0.01）；与 T2 口语、T2 综合德语、T2 平均成绩的相关显著（r=0.245，p<

0.05；$r=0.260$，$p<0.05$；$r=0.289$，$p<0.05$），与 T2 听力的相关不显著（$p>0.05$），与 T3 口语、T3 阅读、T3 写作、T3 平均成绩的相关显著（$r=0.428$，$p<0.001$；$r=0.288$，$p<0.05$；$r=0.252$，$p<0.05$；$r=0.330$，$p<0.01$）；与 T3 听写、T3 听力、T3 综合德语的相关不显著（$p>0.05$）；与 T4 听力、T4 口语、T4 平均成绩的相关显著（$r=0.262$，$p<0.05$；$r=0.335$，$p<0.01$；$r=0.264$，$p<0.05$），与 T4 听写、T4 阅读、T4 写作、T4 综合德语的相关不显著（$p>0.05$）。

T2 德语自我概念与 T1 综合德语、T1 平均成绩的相关不显著（$p>0.05$）；与 T2 听力、T2 口语、T2 综合德语、T2 平均成绩的相关不显著（$p>0.05$）；与 T3 听写、T3 听力、T3 口语、T3 阅读、T3 写作、T3 综合德语、T3 平均成绩的相关不显著（$p>0.05$），与 T4 口语的相关显著（$r=0.266$，$p<0.05$），与 T4 听写、T4 听力、T4 阅读、T4 写作、T4 综合德语、T4 平均成绩的相关不显著（$p>0.05$）。

T3 德语自我概念与 T1 综合德语、T1 平均成绩的相关显著（$r=0.271$，$p<0.01$；$r=0.260$，$p<0.01$）；与 T2 综合德语、T2 平均成绩的相关显著（$r=0.324$，$p<0.01$；$r=0.277$，$p<0.05$），

与 T2 听力、T2 口语的相关不显著（$p>0.05$）；与 T3 听力、T3 阅读、T3 写作、T3 综合德语、T3 平均成绩的相关显著（$r=0.360$，$p<0.01$；$r=0.249$，$p<0.05$；$r=0.408$，$p<0.001$；$r=0.253$，$p<0.05$；$r=0.313$，$p<0.01$），与 T3 听写、T3 口语的相关不显著（$p>0.05$）；与 T4 听力、T4 口语、T4 综合德语、T4 平均成绩的相关显著（$r=0.272$，$p<0.05$；$r=0.291$，$p<0.05$；$r=0.320$，$p<0.01$；$r=0.304$，$p<0.01$），与 T4 听写、T4 阅读、T4 写作的相关不显著（$p>0.05$）。

T4 德语自我概念与 T1 综合德语、T1 平均成绩的相关显著（$r=0.353$，$p<0.01$；$r=0.342$，$p<0.01$）；与 T2 综合德语、T2 平均成绩的相关显著（$r=0.247$，$p<0.05$；$r=0.255$，$p<0.05$），与 T2 听力、T2 口语的相关不显著（$p>0.05$）；与 T3 听力、T3 写作、T3 平均成绩的相关显著（$r=0.304$，$p<0.01$；$r=0.374$，$p<0.01$；$r=0.294$，$p<0.05$），与 T3 听写、T3 口语、T3 阅读、T3 综合德语的相关不显著（$p>0.05$）；与 T4 听力、T4 阅读、T4 综合德语、T4 平均成绩的相关显著（$r=0.240$，$p<0.05$；$r=0.261$，$p<0.05$；$r=0.304$，$p<0.01$；$r=0.287$，$p<0.01$），与 T4 听写、T4 口语、T4 写作的相关不显著（$p>0.05$）。

二、德语自我效能感与专业成绩的纵向相关关系

表5-3显示，T1德语自我效能感与T1综合德语、T1平均成绩的相关显著（r=0.325，p<0.01；r=0.338，p<0.01）；与T2平均成绩的相关显著（r=0.240，p<0.05），与T2听力、T2口语、T2综合德语的相关不显著（p>0.05）；与T3听力、T3口语、T3写作、T3平均成绩的相关显著（r=0.275，p<0.05；r= 0.243，p<0.05；r=0.257，p<0.05；r=0.310，p<0.01），与T3听写、T3阅读、T3综合德语的相关不显著（p>0.05）；与T4听写、T4听力、T4口语、T4平均成绩的相关显著（r=0.292，p<0.05；r=0.324，p<0.01；r=0.270，p<0.05；r=0.306，p<0.01），与T4阅读、T4写作、T4综合德语的相关不显著（p>0.05）。

T2德语自我效能感与T1综合德语、T1平均成绩的相关不显著（p> 0.05）；与T2听力、T2口语、T2综合德语、T2平均成绩的相关不显著（p>0.05）；与T3听写、T3听力、T3口语、T3阅读、T3写作、T3综合德语、T3平均成绩的相关不显著（p>0.05）；与T4听写、T4听力、T4口语、T4阅读、T4写作、T4综合德语、T4平均成绩的相关不显著（p>0.05）。

T3德语自我效能感与T1综合德语、T1平均成绩的相关显

著（$r=0.254$，$p<0.05$；$r=0.304$，$p<0.01$）；与 T2 综合德语、T2 平均成绩的相关显著（$r=0.324$，$p<0.01$；$r=0.248$，$p<0.05$），与 T2 听力、T2 口语的相关不显著（$p>0.05$）；与 T3 听力、T3 写作、T3 平均成绩的相关显著（$r=0.306$，$p<0.01$；$r=0.297$，$p<0.05$；$r=0.273$，$p<0.05$），与 T3 听写、T3 口语、T3 阅读、T3 综合德语的相关不显著（$p>0.05$）；与 T4 听力、T4 平均成绩的相关显著（$r=0.260$，$p<0.05$；$r=0.278$，$p<0.05$），与 T4 听写、T4 口语、T4 阅读、T4 写作、T4 综合德语的相关不显著（$p>0.05$）。

T4 德语自我效能感与 T1 综合德语、T1 平均成绩的相关显著（$r=0.389$，$p<0.01$；$r=0.403$，$p<0.001$）；与 T2 听力、T2 口语、T2 综合德语、T2 平均成绩的相关显著（$r=0.312$，$p<0.01$；$r=0.244$，$p<0.05$；$r=0.367$，$p<0.01$；$r=0.406$，$p<0.001$）；与 T3 听写、T3 听力、T3 写作、T3 综合德语、T3 平均成绩的相关显著（$r=0.353$，$p<0.01$；$r=0.406$，$p<0.001$；$r=0.393$，$p<0.05$；$r=0.347$，$p<0.01$；$r=0.430$，$p<0.001$），与 T3 口语、T3 阅读的相关不显著（$p>0.05$）；与 T4 听写、T4 听力、T4 阅读、T4 写作、T4 综合德语、T4 平均成绩的相关显著

（$r=0.287$，$p<0.05$；$r=0.385$，$p<0.01$；$r=0.437$，$p<0.001$；$r=0.305$，$p<0.01$；$r=0.338$，$p<0.01$；$r=0.434$，$p<0.001$），与T4 口语的相关不显著（$p>0.05$）。

三、德语自我概念与德语自我效能感的纵向相关关系

表 5-4 显示，T1 德语自我概念与 T2、T3、T4 德语自我概念以及与 T1、T2、T3、T4 德语自我效能感的相关显著（相关系数范围是 0.364~ 0.687），其中与 T1 德语自我效能感的关系最密切（$r=0.687$，$p< 0.001$）。

表 5-4　德语自我概念与德语自我效能感之间的纵向相关关系

项目	T1 德概	T2 德概	T3 德概	T4 德概	T1 德效	T2 德效	T3 德效	T4 德效
T1 德概								
T2 德概	0.522***							
T3 德概	0.525***	0.639***						
T4 德概	0.538***	0.440***	0.554***					
T1 德效	0.687***	0.493***	0.473***	0.382**				
T2 德效	0.523***	0.798***	0.571***	0.431**	0.563***			
T3 德效	0.364**	0.527***	0.577***	0.364**	0.437***	0.532***		
T4 德效	0.414***	0.507***	0.510***	0.551***	0.529***	0.535***	0.508***	

*表示 $p<0.05$，**表示 $p<0.01$，***表示 $p<0.001$。

注：德概=德语自我概念，德效=德语自我效能感。

T2 德语自我概念与 T1、T3、T4 德语自我概念以及与 T1、T2、T3、T4 德语自我效能感的相关显著（相关系数范围是

0.440~0.798），其中与 T2 德语自我效能感的关系最密切（r=0.798，p<0.001）。

T3 德语自我概念与 T1、T2、T4 德语自我概念以及与 T1、T2、T3、T4 德语自我效能感的相关显著（相关系数范围是 0.473~0.639），其中与 T2 德语自我概念的关系最密切（r=0.639，p<0.001）。

T4 德语自我概念与 T1、T2、T3 德语自我概念以及与 T1、T2、T3、T4 德语自我效能感的相关显著（相关系数范围是 0.364~0.554），其中与 T3 德语自我概念的关系最密切（r=0.554，p<0.001）。

T1 德语自我效能感与 T1、T2、T3、T4 德语自我概念以及与 T2、T3、T4 德语自我效能感的相关显著（相关系数范围是 0.382~0.687），其中与 T1 德语自我概念的关系最密切（r=0.687，p<0.001）。

T2 德语自我效能感与 T1、T2、T3、T4 德语自我概念以及与 T1、T3、T4 德语自我效能感的相关显著（相关系数范围是 0.431~0.798），其中与 T2 德语自我概念的关系最密切（r=0.798，p<0.001）。

T3 德语自我效能感与 T1、T2、T3、T4 德语学业自我概念以及与 T1、T2、T4 德语学业自我效能感的相关显著（相关系数范围是 0.364~0.577），其中与 T3 德语学业自我概念的关系最密切（r=0.577，p<0.001）。

T4 德语学业自我效能感与 T1、T2、T3、T4 德语学业自我概念以及与 T1、T2、T3 德语学业自我效能感的相关显著（相关系数范围是 0.414~0.551），其中与 T4 德语学业自我概念的关系最密切（r=0.551，p<0.001）。

第三节　德语学业自我认知构念与专业成绩的交互关系模型构建

为考察德语专业学生的德语学业自我认知构念与专业成绩的交互关系，查明前述的交互影响模型是否也适用于中国德语专业学生，笔者采用回归分析方法，得到以下结果。

一、德语学业自我认知构念与期末平均成绩的交叉滞后回归分析模型

采用全部纳入法（Enter）进行回归分析。首先分别考察 T1

德语自我概念、T1德语期末平均成绩、T1德语自我效能感对T2德语自我概念、T2德语期末平均成绩、T2德语自我效能感的预测效应，其次分别考察T2德语自我概念、T2德语期末平均成绩、T2德语自我效能感对T3德语自我概念、T3德语期末平均成绩、T3德语自我效能感的预测效应；最后分别考察T3德语自我概念、T3德语期末平均成绩、T3德语自我效能感对T4德语自我概念、T4德语期末平均成绩、T4德语自我效能感的预测效应。

结果表明，T1德语自我概念可以显著预测T2德语自我概念（β=0.365，p<0.05），不能预测T2德语期末平均成绩（β=0.039，p>0.05）和T2德语自我效能感（β=0.270，p>0.05）；T1德语期末平均成绩能显著预测T2德语期末平均成绩（β=0.810，p<0.001），不能预测T2德语自我概念（β=−0.089，p>0.05）和T2德语自我效能感（β=−0.054，p>0.05）；T1德语自我效能感能显著预测T2德语自我效能感（β=0.399，p<0.01），不能预测T2德语自我概念（β=0.275，p>0.05）和T2德语期末平均成绩（β=−0.061，p>0.05）。

T2德语自我概念可以显著预测T3德语自我概念（β=0.491，p<0.01），不能预测T3德语期末平均成绩（β=0.168，

$p>0.05$）和 T3 德语自我效能感（$\beta=0.282$，$p>0.05$）；T2 德语期末平均成绩能显著预测 T3 德语期末平均成绩（$\beta=0.776$，$p<0.001$）和 T3 德语自我概念（$\beta=0.203$，$p<0.05$），不能预测 T3 德语自我效能感（$\beta=0.18$，$p>0.05$）；T2 德语自我效能感不能预测 T3 德语自我效能感（$\beta=0.298$，$p>0.05$）、T3 德语自我概念（$\beta=0.159$，$p>0.05$）和 T3 德语期末平均成绩（$\beta=-0.153$，$p>0.05$）。

T3 德语自我概念可以显著预测 T4 德语自我概念（$\beta=0.483$，$p<0.001$）和 T4 德语自我效能感（$\beta=0.259$，$p<0.05$），不能预测 T4 德语期末平均成绩（$\beta=0.010$，$p>0.05$）；T3 德语期末平均成绩能显著预测 T4 德语期末平均成绩（$\beta=0.870$，$p<0.001$）和 T4 德语自我效能感（$\beta=0.277$，$p<0.01$），不能预测 T4 德语自我概念（$\beta=0.132$，$p>0.05$）；T3 德语自我效能感能显著预测 T4 德语自我效能感（$\beta=0.289$，$p<0.05$），不能预测 T4 德语自我概念（$\beta=0.053$，$p>0.05$）和 T4 德语期末平均成绩（$\beta=0.031$，$p>0.05$）。

交叉滞后回归分析模型如图 5-1 所示。双箭头旁的数字为相关系数，单箭头旁的数字为标准化回归系数。实线表示回归系数显著，虚线表示回归系数不显著。

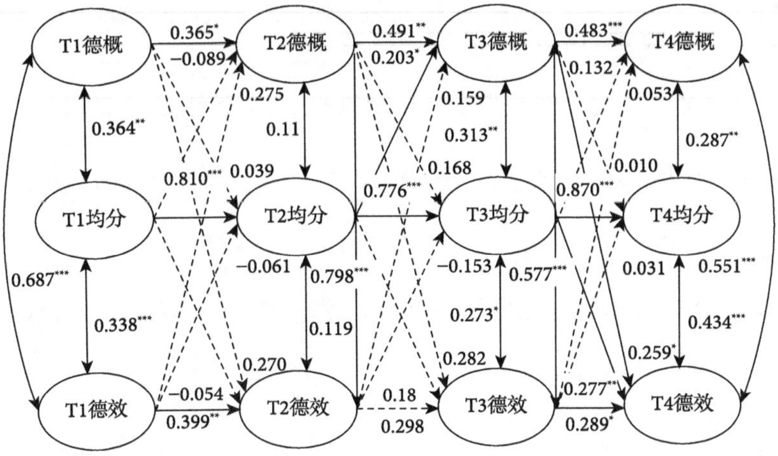

图5-1　德语学业自我认知构念与德语期末平均成绩的交叉滞后回归分析模型

*表示 $p<0.05$，**表示 $p<0.01$，***表示 $p<0.001$。

注：均分=德语期末平均成绩，德概=德语自我概念，德效=德语自我效能感。

二、德语学业自我认知构念与综合德语成绩的交叉滞后回归分析模型

采用全部纳入法进行回归分析。首先分别考察 T1 德语自我概念、T1 综合德语成绩、T1 德语自我效能感对 T2 德语自我概念、T2 综合德语成绩、T2 德语自我效能感的预测效应，其次分别考察 T2 德语自我概念、T2 综合德语成绩、T2 德语自我效能感对 T3 德语自我概念、T3 综合德语成绩、T3 德语自我效能感的预测效应，最后分别考察 T3 德语自我概念、T3 综合德

语成绩、T3 德语自我效能感对 T4 德语自我概念、T4 综合德语成绩、T4 德语自我效能感的预测效应。

结果（图 5-2）表明，T1 德语自我概念可以显著预测 T2 德语自我概念（$\beta=0.367$，$p<0.05$），不能预测 T2 综合德语成绩（$\beta=0.056$，$p>0.05$）和 T2 德语自我效能感（$\beta=0.273$，$p>0.05$）；T1 综合德语成绩能显著预测 T2 综合德语成绩（$\beta=0.793$，$p<0.001$），不能预测 T2 德语自我概念（$\beta=-0.087$，$p>0.05$）和 T2 德语自我效能感（$\beta=-0.059$，$p>0.05$）；T1 德语自我效能感能显著预测 T2 德语自我效能感（$\beta=0.398$，$p<0.01$），不能预测 T2 德语自我概念（$\beta=0.272$，$p>0.05$）和 T2 综合德语成绩（$\beta=-0.123$，$p>0.05$）。

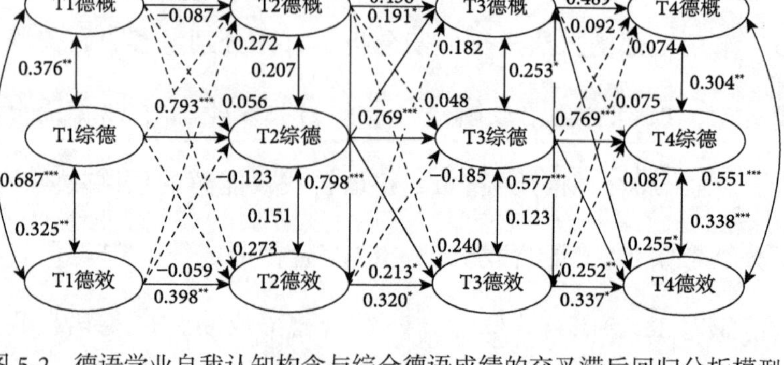

图 5-2　德语学业自我认知构念与综合德语成绩的交叉滞后回归分析模型

*表示 $p<0.05$，**表示 $p<0.01$，***表示 $p<0.001$。

注：综德=综合德语成绩，德概=德语自我概念，德效=德语自我效能感。

T2 德语自我概念可以显著预测 T3 德语自我概念（β=0.456，p<0.01），不能预测 T3 综合德语成绩（β=0.048，p>0.05）和 T3 德语自我效能感（β=0.240，p>0.05）；T2 综合德语成绩能显著预测 T3 综合德语成绩（β=0.769，p<0.001）、T3 德语自我概念（β=0.191，p<0.05）和 T3 德语自我效能感（β=0.213，p<0.05）；T2 德语自我效能感能显著预测 T3 德语自我效能感（β=0.320，p<0.05），不能预测 T3 德语自我概念（β=0.182，p>0.05）和 T3 综合德语成绩（β=−0.185，p>0.05）。

T3 德语自我概念能显著预测 T4 德语自我概念（β=0.489，p<0.001）和 T4 德语自我效能感（β=0.255，p<0.05），不能预测 T4 综合德语成绩（β=0.075，p>0.05）；T3 综合德语成绩能显著预测 T4 综合德语成绩（β=0.769，p<0.001）和 T4 德语自我效能感（β=0.252，p<0.05），不能显著预测 T4 德语自我概念（β=0.092，p>0.05）；T3 德语自我效能感能显著预测 T4 德语自我效能感（β=0.337，p<0.01），不能预测 T4 德语自我概念（β=0.074，p>0.05）和 T4 综合德语成绩（β=0.087，p>0.05）。

交叉滞后回归分析模型如图 5-2 所示。双箭头旁的数字为相关系数，单箭头旁的数字为标准化回归系数。实线表示回归系数显著，虚线表示回归系数不显著。

三、德语学业自我认知构念与听力成绩的交叉滞后回归分析模型

采用全部纳入法进行回归分析。第一步分别考察 T2 德语自我概念、T1 听力成绩、T2 德语自我效能感对 T3 德语自我概念、T2 听力成绩、T3 德语自我效能感的预测效应，第二步分别考察 T3 德语自我概念、T2 听力成绩、T3 德语自我效能感对 T4 德语自我概念、T3 听力成绩、T4 德语自我效能感的预测效应。

结果（图 5-3）表明，T2 德语自我概念可以显著预测 T3 德语自我概念（β=0.501，p<0.01），不能预测 T2 听力成绩（β=0.192，p>0.05）和 T3 德语自我效能感（β=0.291，p>0.05）；T1 听力成绩能显著预测 T2 听力成绩（β=0.415，p<0.001），不能预测 T3 德语自我概念（β=0.038，p>0.05）和 T3 德语自我效能感（β=0.045，p>0.05）；T2 德语自我效能感不能预测 T3 德语自我效能感（β=0.309，p>0.05）、T3 德语自我概念

（β=0.172，p>0.05）和 T2 听力成绩（β=0.031，p>0.05）。

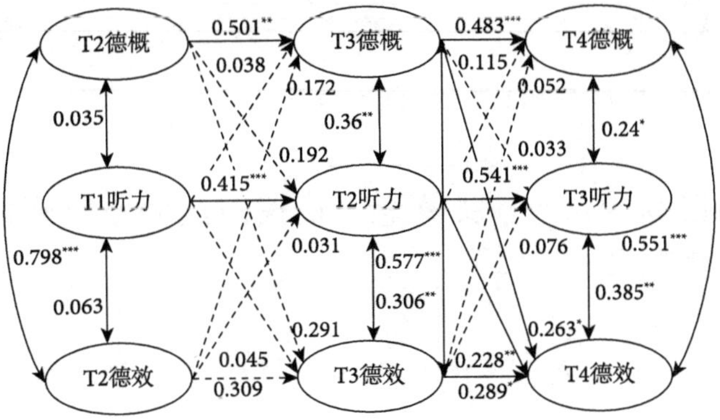

图 5-3 德语学业自我认知与听力成绩的交叉滞后回归分析模型

*表示 p<0.05，**表示 p<0.01，***表示 p<0.001。

注：（1）德概=德语自我概念，德效=德语自我效能感。

（2）听力从第二学期起才开设，因此，第一、二、三次成绩分别对应第二、三、四次测量的德语自我概念与德语自我效能感。

T3 德语自我概念可以显著预测 T4 德语自我概念（β=0.483，p<0.001）和 T4 德语自我效能感（β=0.263，p<0.05），不能预测 T3 听力成绩（β=0.033，p>0.05）；T2 听力成绩能显著预测 T3 听力成绩（β=0.541，p<0.001）和 T4 德语自我效能感（β=0.228，p<0.05），不能预测 T4 德语自我概念（β=0.115，p>0.05）；T3 德语自我效能感能显著预测 T4 德语自我效能感（β=0.289，p<0.05），不能预测 T4 德语自我概念（β=0.052，p>0.05）和 T3 听力成绩（β=0.076，p>0.05）。

交叉滞后回归分析模型如图 5-3 所示。双箭头旁的数字为相关系数，单箭头旁的数字为标准化回归系数。实线表示回归系数显著，虚线表示回归系数不显著。

四、德语学业自我认知构念与口语成绩的交叉滞后回归分析模型

采用全部纳入法进行回归分析。第一步分别考察 T2 德语自我概念、T1 口语成绩、T2 德语自我效能感对 T3 德语自我概念、T2 口语成绩、T3 德语自我效能感的预测效应，第二步分别考察 T3 德语自我概念、T2 口语成绩、T3 德语自我效能感对 T4 德语自我概念、T3 口语成绩、T4 德语自我效能感的预测效应。

结果（图 5-4）表明，T2 德语自我概念可以显著预测 T3 德语自我概念（β=0.552，p<0.01），不能预测 T2 口语成绩（β=0.127，p>0.05）和 T3 德语自我效能感（β=0.32，p>0.05）；T1 口语成绩能显著预测 T2 口语成绩（β=0.336，p<0.05）和 T3 德语自我概念（β=0.271，p<0.01），不能预测 T3 德语自我效能感（β=0.158，p>0.05）；T2 德语自我效能感不能预测 T3 德语自我效能感（β=0.283，p>0.05）、T3 德语自我概念

（β=0.125，p>0.05）和 T2 口语成绩（β=0.018，p>0.05）。

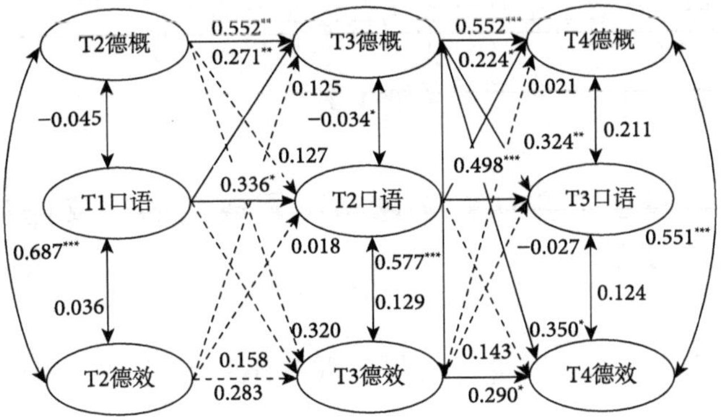

图 5-4　德语学业自我认知构念与口语成绩的交叉滞后回归分析模型

*表示 $p<0.05$，**表示 $p<0.01$，***表示 $p<0.001$。

注：（1）德概=德语自我概念，德效=德语自我效能感。

（2）口语课从第二学期起才开设，因此，第一、二、三次成绩分别对应第二、三、四次测量的德语自我概念与德语自我效能感。

T3 德语自我概念可以显著预测 T4 德语自我概念（β=0.552，p<0.001）、T3 口语成绩（β=0.324，p<0.01）和 T4 德语自我效能感（β=0.35，p<0.05）；T2 口语成绩能显著预测 T3 口语成绩（β=0.498，p<0.001）和 T4 德语自我概念（β=0.224，p<0.05），不能预测 T4 德语自我效能感（β=0.143，p>0.05）；T3 德语自我效能感能显著预测 T4 德语自我效能感（β=0.290，p<0.05），不能预测 T4 德语自我概念（β=0.021，p>0.05）和 T3 口语成绩（β=−0.027，p>0.05）。

交叉滞后回归分析模型如图 5-4 所示。双箭头旁的数字为相关系数，单箭头旁的数字为标准化回归系数。实线表示回归系数显著，虚线表示回归系数不显著。

五、德语学业自我认知构念与听写成绩的交叉滞后回归分析模型

采用全部纳入法进行回归分析。分别考察 T3 德语自我概念、T1 听写成绩、T3 德语自我效能感对 T4 德语自我概念、T2 听写成绩、T4 德语自我效能感的预测效应。

结果（图 5-5）表明，T3 德语自我概念能显著预测 T4 德语自我概念（$\beta=0.518$，$p<0.001$）和 T4 德语自我效能感（$\beta=0.314$，$p<0.05$），不能预测 T2 听写成绩（$\beta=0.126$，$p>0.05$）；T1 听写成绩能显著预测 T2 听写成绩（$\beta=0.810$，$p<0.001$）和 T4 德语自我效能感（$\beta=0.254$，$p<0.05$），不能预测 T4 德语自我概念（$\beta=-0.073$，$p>0.05$）；T3 德语自我效能感能显著预测 T4 德语自我效能感（$\beta=0.278$，$p<0.05$），不能预测 T4 德语自我概念（$\beta=0.080$，$p>0.05$）和 T2 听写成绩（$\beta=-0.074$，$p>0.05$）。

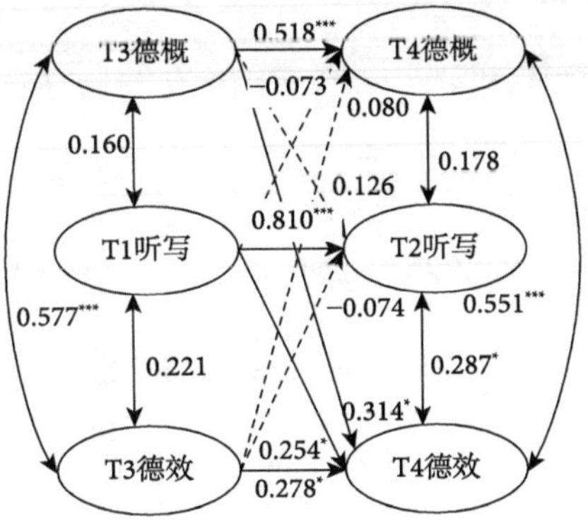

图5-5　德语学业自我认知构念与听写成绩的交叉滞后回归分析模型

*表示 $p<0.05$，**表示 $p<0.01$，***表示 $p<0.001$。

注：（1）德概=德语自我概念，德效=德语自我效能感。

（2）听写课从第三学期起才开设，因此，第一、二次成绩分别对应第三、四次测量的德语自我概念与德语自我效能感。

交叉滞后回归分析模型如图 5-5 所示。双箭头旁的数字为相关系数，单箭头旁的数字为标准化回归系数。实线表示回归系数显著，虚线表示回归系数不显著。

六、德语学业自我认知构念与阅读成绩的交叉滞后回归分析模型

采用全部纳入法进行回归分析。分别考察 T3 德语自我概念、T1 阅读成绩、T3 德语自我效能感对 T4 德语自我概念、T2 阅读成绩、T4 德语自我效能感的预测效应。

结果（图 5-6）表明，T3 德语自我概念能显著预测 T4 德语自我概念（β=0.492，p<0.001）和 T4 德语自我效能感（β=0.310，

$p<0.05$），不能预测 T2 阅读成绩（$\beta=0.035$，$p>0.05$）；T1 阅读成绩能显著预测 T2 阅读成绩（$\beta=0.552$，$p<0.001$），不能预测 T4 德语自我概念（$\beta=0.095$，$p>0.05$）和 T4 德语自我效能感（$\beta=0.068$，$p>0.05$）；T3 德语自我效能感能显著预测 T4 德语自我效能感（$\beta=0.320$，$p<0.05$），不能预测 T4 德语自我概念（$\beta=0.069$，$p>0.05$）和 T2 阅读成绩（$\beta= 0.165$，$p>0.05$）。

交叉滞后回归分析模型如图 5-6 所示。双箭头旁的数字为相关系数，单箭头旁的数字为标准化回归系数。实线表示回归系数显著，虚线表示回归系数不显著。

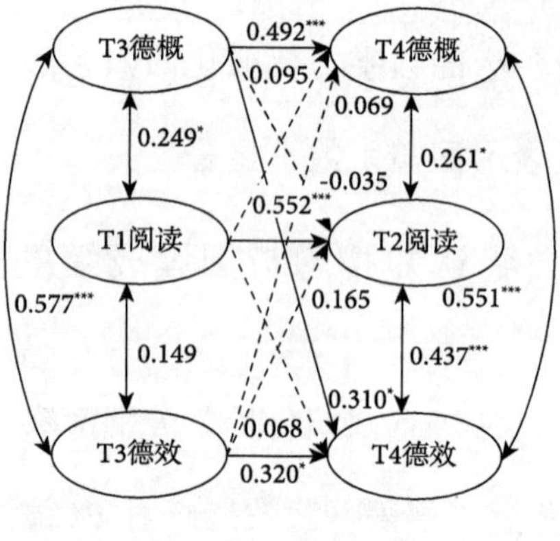

图 5-6　德语学业自我认知构念与阅读成绩的交叉滞后回归分析模型

*表示 $p<0.05$，**表示 $p<0.01$，***表示 $p<0.001$。

注：（1）德概=德语自我概念，德效=德语自我效能感。

（2）阅读课从第三学期起才开设，因此，第一、二次成绩分别对应第三、四次测量的德语自我概念与德语自我效能感。

七、德语学业自我认知构念与写作成绩的交叉滞后回归分析模型

采用全部纳入法进行回归分析。分别考察 T3 德语自我概念、T1 写作成绩、T3 德语自我效能感对 T4 德语自我概念、T2 写作成绩、T4 德语自我效能感的预测效应。

结果（图 5-7）表明，T3 德语自我概念可以显著预测 T4 德语自我概念（β=0.451，p<0.01）和 T4 德语自我效能感（β=0.251，p<0.05），不能预测 T2 写作成绩（β=−0.196，p>0.05）；T1 写作成绩能显著预测 T2 写作成绩（β=0.688，p<0.001），不能预测 T4 德语自我概念（β=0.176，p>0.05）和 T4 德语自我效能感（β=0.206，p>0.05）；T3 德语自我效能感能显著预测 T4 德语自我效能感（β=0.306，p<0.05），不能预测 T4 德语自我概念（β=0.056，p>0.05）和 T2 写作成绩（β=0.078，p>0.05）。

交叉滞后回归分析模型如图 5-7 所示。双箭头旁的数字为相关系数，单箭头旁的数字为标准化回归系数。实线表示回归系数显著，虚线表示回归系数不显著。

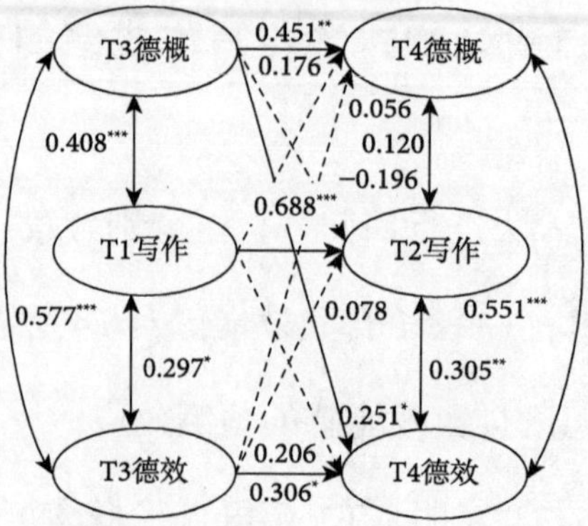

图 5-7　德语学业自我认知构念与写作成绩的交叉滞后回归分析模型

*表示 $p<0.05$，**表示 $p<0.01$，***表示 $p<0.001$。

注：（1）德概=德语自我概念；德效=德语自我效能感。

（2）写作从第三学期起才开设，因此第一、二次成绩分别对应第三、四次测量的德语自我概念与德语自我效能感。

八、讨论

（一）研究结果主要支持技能-发展模型

以上结果显示，学界目前居主导地位的学业自我认知构念与学业成绩具有交互关系的模型没得到笔者的验证。相反，主要是学业成绩决定学业自我认知，即中国德语专业学生的德语学业自我认知与德语专业成绩的关系符合技能—发展模型。例如，T2 德语平均成绩决定 T3 德语自我概念，T3 德语平均成绩决定 T4 德语自我效能感（图 5-1）；T2 综合德语成绩决定 T3 德语自我概念和 T3 德语自我效能感，T3 综合德语成绩决定 T4

德语自我效能感（图 5-2）；T2 听力成绩决定 T4 德语自我效能感（图 5-3），T2 口语成绩决定 T4 德语自我概念（图 5-4），T1 听写成绩决定 T4 德语自我效能感（图 5-5）。

究其原因，笔者认为，如前所述，交互影响模型主要表现在有较多学习经验的儿童和青少年身上，而德语专业学生，在开始专业学习之前，一般是没有德语学习经验的，因而没有德语自我概念和德语自我效能感。他们对德语专业学习的自我认知是在专业学习过程中基于自己对德语知识和技能的掌握情况、在学习任务中所体会到的难易程度以及各种内外部比较而逐步形成的，因此德语学业自我认知与专业成绩的关系表现出与主流模型观不一致的特点，就顺理成章了。另外，这也说明，在得到实证验证之前，大家不能贸然将已有结论推广到自己的研究，必须具体问题具体分析，采用科学、严谨的方法去探索。

（二）德语自我概念比德语自我效能感稳定

该特点主要表现在两方面：一是前测的德语自我概念对后测的德语自我概念和德语自我效能感的预测效应，二是前测的德语自我效能感对后测的德语自我效能感和德语自我概念的预测效应。

就前测的德语自我概念对后测的德语自我概念的预测效应而言，在以上所有模型（图 5-1~图 5-7）中，前测的德语自我概念均毫无例外地显著预测后测的德语自我概念；从前测的德语自我概念对后测的德语自我效能感的预测效应来看，都是第三次测量的德语自我概念能显著预测第四次测量的德语自我效能感。

从前测的德语自我效能感对后测的德语自我效能感的预测效应来看，并非所有的前测变量均能预测后测变量。例如，在至少测量了三次的德语自我概念和德语自我效能感的模型（图 5-1~图 5-4）中，第二次测量的德语自我效能感不能预测第三次测量的德语自我效能感（图 5-1、图 5-3 和图 5-4）；就前测的德语自我效能感对后测的德语自我概念的预测效应而言，在所有模型（图 5-1~图 5-7）中，前测的德语自我效能感都毫无例外地不能预测后测的德语自我概念。

以上结果提示，德语自我概念比德语自我效能感稳定。这与本书第四章的横向研究结论呼应：在第四章的德语学业自我认知构念与语言智力对专业成绩的回归分析中，每次都是德语自我概念作为显著变量进入方程，而德语自我效能感被排斥在外；在德语自我概念的中介效应检验中，德语自我概念在德语自我效能感与所有成绩指标之间充当完全中介变量。笔者认为，出现这些结果的原因正是德语自我概念比德语自我效能感稳定。

而德语自我概念更稳定，是因为学业自我概念是个体对自己在学校中的学习能力、态度、情感和价值等做出的整体认识与评价（姚计海、申继亮、张彩云，2003）。德语自我效能感则往往与具体学业任务情境相连。这可从测量二者的题项中窥见一斑。例如，测量德语自我概念的题项有“在德语学习方面，我属于优生”；测量德语自我效能感的题项有“如果我努力，即使是一道德语难题，我也能解决”。

另外，从本章的研究结果看，德语教师还应关注另一问题，即在每一个交叉滞后回归分析模型中，第三次测量的德语自我概念均能显著预测第四次测量的德语自我效能感。从笔者的测量时间对应的学习时间看，也就是第三学期末的德语自我概念能稳定地预测第四学期末的德语自我效能感。这说明，学生在第三学期末就已形成稳定的德语自我概念，即对自己的德语学习情况已有一个稳定评价。而本书第三章的研究结果表明，德语自我概念水平较低，比如显著低于英语和语文自我概念和效能感，所以，德语教师应高度重视基础阶段，即前三学期的教学。学生在基础阶段必须掌握的知识和技能主要是在这段时间内习得的。为避免学生形成低水平德语自我概念和效能感，德语教师必须思考，如何从学生的专业学习初期起就力争使他们具有和保持高水平德语自我概念和效能感。

（三）四门课程（综合德语、口语、听力和听写）成绩对德语自我认知构念的预测效应较突出

图 5-2 表明，T2 综合德语成绩能显著预测 T3 德语自我概念和 T3 德语自我效能感，T3 综合德语成绩能显著预测 T4 德语自我效能感。这表示，在本科基础阶段，第二学期末的综合德语成绩能显著预测第三学期末的德语自我概念和德语自我效能感，第三学期末的综合德语成绩能显著预测第四学期末的德语自我效能感。

图 5-3 表明，T2 听力成绩能显著预测 T4 德语自我效能感，即第三学期末的听力成绩能显著预测第四学期末的德语自我效能感。

图 5-4 表明，T1 口语成绩能显著预测 T3 德语自我概念，T2 口语成绩能显著预测 T4 德语自我概念，即第二学期末的口

语成绩能显著预测第三学期末的德语自我概念，第三学期末的口语成绩能显著预测第四学期末的德语自我概念。

图 5-5 表明，T1 听写成绩能显著预测 T4 德语自我效能感，即第三学期末的听写成绩能显著预测第四学期末的德语自我效能感。

至于原因，笔者认为，这几门课程在整个专业学习过程中尤为重要。首先，综合德语课是传授学生基本知识、培养基本技能的最重要课型之一，这可从各校安排的周课时量和持续开课的时间长短中看出。几乎在每所设有德语专业的高校中，一年级的周课时在10节左右，二年级为8节，有的学校在大三，甚至大四第一学期还在开设课程。也就是说，学生必须掌握的基本语音、词汇和语法均是在该门课程中习得的。

语言首先是有声语言，学生的交际能力是外语专业学生应具备的重要能力，而听、说技能是交际能力中不可或缺的基本能力，因此培养学生这些能力的听力、口语以及听写课在学生的整个专业学习中也极为重要。上述研究表明，德语成绩是影响学生的德语学业自我认知的重要原因，所以，这些课程的成绩能预测德语自我认知构念，也就不难理解了。

参考文献

安连超，王锐. 2012. 高中生学业成绩与学业自我概念的关系研究. 中国健康心理学杂志，（5）：737-739.

边玉芳. 2003. 学习自我效能感量表的编制与应用. 华东师范大学博士学位论文.

边玉芳. 2004. 学习自我效能感量表的编制. 心理科学，27（5）：1218-1222.

边玉芳. 2006. 学习自我效能感：是一般的还是针对特殊领域的？心理科学，29（5）：1275-1277.

曹晓燕，董卉，车永莉，等. 2006. 初中生物理自我效能感与物理学习成绩关系的研究. 德州学院学报，22（4）：101-103，107.

蔡笑岳，林良驹，胡兴旺. 1998. 不同类型学校初中生的智力、非智力因素发展及其与学业成绩关系的研究. 社会心理科学，（4）：8-13.

柴瑞琴，胡姝昀. 2009. 英语自我概念对成就动机及英语成绩的影响. 长春理工大学学报（社会科学版），22（5）：838-840.

柴瑞琴，吉哲明. 2009. 英语自我概念对英语成绩的影响. 中北大学学报（社会科学版），25（6）：53-59.

陈宝国，彭聃龄. 2001. 语言习得的关键期及其对教育的启示. 心理发展与教育，（1）：52-56.

陈国鹏，崔丽娟. 1997. 自我描述问卷Ⅱ型在中国的试用报告. 中国临床心理学杂志，（5）：78-82.

陈国鹏，朱晓岚，叶澜澜，等. 1997. 自我描述问卷上海常模的修订报告. 心理科学，（6）：499-503，574-575.

陈京军，吴鹏，刘华山. 2014. 初中生数学成绩、数学学业能力自我概念与数学学业情绪的关系. 心理科学，37（2）：368-372.

陈荣歆. 2000. 对我国外语教学研究现状的调查与分析. 山东师范大学外国语学院学报，（4）：94-98.

陈少华，曾毅. 2006. 人格和智力：一种交互作用的模型. 心理科学进展，14（1）：87-92.

陈向丽. 2006. 学业自我概念与参照系关系研究综述. 玉溪师范学院学报，（4）：92-95.

陈晓春. 1996. 德语在世界上的作用和影响. 外国语（上海外国语大学学报），（1）：63-68.

陈晓惠，石文典. 2016. 中小学生学业自我概念与学业成绩的交叉滞后分析：符合交互影响模型，还是发展观？心理发展与教育，32（1）：81-88.

董小红. 2010. 学业自我概念的特点及其与学业成绩的关系. 南昌教育学院学报，25（3）：123-124.

高光珍，胡象岭，张明霞. 2010. 高中生物理自我效能与物理成绩关系探究. 当代教育科学，（22）：54-56.

郭成. 2006. 青少年学科学业自我研究. 西南大学博士学位论文.

郭成，赵小云，张大均. 2011. 青少年一般学业自我量表的编制. 西南大学学报（自然科学版），33（12）：155-160.

郭成，何晓燕，张大均. 2006. 学业自我概念及其与学业成绩关系的研究述评. 心理科学，29（1）：133-136.

韩映雄，李超. 2017. 中小学生学业成就的影响因素. 吉林师范大学学报

（人文社会科学版），（1）：80-87.

何先友. 1998. 小学生数学自我效能、自我概念与数学成绩关系的研究. 心理发展与教育，（1）：45-48.

洪帅. 2018. 青少年自我效能感、学业成绩与归因方式的关系. 文学教育，（8）：146-147.

侯平英. 2008. 二语习得关键期假说研究争论对语言教学的启示. 首都师范大学学报（社会科学版）增刊，23-26.

黄忆春，张燕燕. 2009. 学业自我效能感与学业成就：关系、作用机制与影响因素. 外国中小学教育，（12）：51-54.

李荟，辛涛，谷生华，等. 1998. 中学生自我效能感、学习策略与学习成绩关系的研究. 教育研究与实验，（4）：48-52.

李卡宁. 2005. 从汉德民族社交语用看东西方思维方式的差异. 内蒙古大学学报（人文社会科学版），（2）：116-119.

李丽. 2018. 中职生情绪智力、自我效能感与英语学业成绩的关系. 内蒙古师范大学学报（教育学科版），31（2）：85-88.

李雪萍. 2015. 学业自我概念的国内研究现状与展望. 社会心理科学，30（12）：9-11.

李叶，田学红. 2002. 中学生学业自我概念与学业成就的相关研究. 湖北民族学院学报（哲学社会科学版），20（3）：76-79.

李玉芳. 2012. 大学生自我效能感、自主学习能力与外语成绩的关系研究. 西南农业大学学报（社会科学版），10（9）：91-95.

梁宇颂. 2000. 大学生成就目标、归因方式与学业自我效能感的研究. 华中师范大学硕士学位论文.

林颖，姚夏倩. 2000. 从加涅的学生素质观看素质教育. 心理科学，（2）：192-254.

刘芳，候金波. 2015. 大学生学业自我效能感对学习成绩的影响. 长江大学学报（社会科学版），38（10）：77-80.
刘润清. 1999. 外语教学研究的发展趋势. 外语教学与研究，（1）：7-12.
刘瞳. 2015. 初中生学习适应性、学业自我效能感与学业成绩的关系研究. 白城师范学院学报，29（6）：62-66.
刘晓陵，张进辅. 2000. 高一学生物理成绩、学习归因以及学业自我概念关系的研究. 西南师范大学学报（自然科学版），25（3）：326-331.
刘晓明，周利. 2007. 学业反馈、数学自我效能感与初一学生数学成绩的关系. 中国临床心理学杂志，15（1）：53-55.
路平，刘聪颖，夏福斌. 2016. 大学生学业自我概念、学习动机与学习成绩的关系. 中国健康心理学杂志，24（7）：1089-1092.
卢谢峰，韩立敏. 2007. 中介变量、调节变量与协变量——概念、统计检验及其比较. 心理科学，30（4）：934-936.
陆星月，张大均，聂倩，等. 2018. 中学生心理素质对学业自我概念的影响：一个有调节的中介模型. 西南大学学报（自然科学版），40（6）：63-68.
马惠霞，郭宏燕，张泽民. 2010. 初中生情感与自我概念、学业成绩的相关研究. 中国健康心理学杂志，（7）：845-847.
马晶鑫. 2010. 纵向研究——测量变化和解释因果关系. 图书情报知识，（1）：31-35.
欧风. 2005. 中国人学德语有优势. 成才与就业，（19）：47.
钱敏汝，卫茂平，魏育青，等. 2008. 当代中国德语专业教育研究报告. 上海：上海外语教育出版社.
邱婷婷. 2017. 高职院校英语专业学生的自我效能感、学习策略与学习成绩三者关系研究. 职业教育，（11）：180-182.

沈静，姚本先. 2006. 西方学业自我概念研究的回顾与反思. 江苏大学学报（高教研究版），（4）：22-26.

苏军帅. 2017. 大学生学业自我概念问卷的编制. 内蒙古师范大学学报（教育科学报），30（2）：56-66.

孙德军. 1994. 小学生自我效能感影响学习成绩的分析报告. 现代中小学教育，（4）：34-36.

谈仕明. 1993. 小学生智力与学业成绩关系的测试研究. 湖北师范学院学报（哲学社会科学版），（13）：95-99.

万鹏涛，陈彩霞，方芳. 2016. 大学生学业自我概念量表的编制. 赤峰学院学报，32（11）：174-176.

王建侠. 2007. 近十年国内自我效能感的研究进展. 社会心理科学，22（1~2）：27-34.

王京平. 1997. 中国人学德语难原因浅析. 北京第二外国语学院学报，（1）：51-53.

王克非. 1995. 培育高层次的文化心态——记许国璋教授与《外语教学与研究》. 外语教学与研究，（1）：75-78.

王幼琨. 2016. 非英语专业学生自我效能感、归因于英语成绩关系的结构方程模型研究. 西华大学学报（哲学社会科学版），35（3）：96-102.

王伟，雷雳，王兴超. 2016. 大学生主动性人格对学业成绩的影响：学业自我效能感和学习适应的中介作用. 心理发展与教育，32（5）：579-586.

王艳侠，曹宇腾，唐先丽. 2013. 高中生学业自我效能感与学业成绩的相关研究. 渭南师范学院学报，28（1）：141-143.

王振宏. 1999. 初中学生学业自我效能与学业成就关系研究. 心理发展与教育，（1）：39-43.

魏俊彪，张云，孙红亮. 2008. 大学生学业自我概念及影响因素研究. 内蒙古师范大学学报（教育科学版），21（7）：70-73.

魏源. 2004. 大学生学习自我效能感的测量与干预研究. 心理科学，27（4）：905-908.

魏秀超，张英锋. 2014. 高中生学业自我效能感、学习归因方式与语文成绩关系研究——以新课程改革背景下的学生为例，37（4）：117-120.

温忠麟，侯杰泰，王桂祥，等. 2004. 职中和高中学生的自我概念与内外参照模型. 心理科学，27（4）：946-948.

温忠麟，侯杰泰，张雷. 2005. 调节效应与中介效应的比较和应用. 心理科学，37（2）：268-274.

温忠麟，张雷，侯杰泰，等. 2004. 中介效应检验程序及其应用. 心理学报，36（5）：614-620.

吴福元，王养华，周家骥. 1987. 大学生智力和非智力因素与学习成绩关系的研究. 全国第六届心理学学术会议文摘选集：137-138.

吴明隆. 2010. 问卷统计分析实务. 重庆：重庆大学出版社.

吴喜艳，张庆宗. 2009. 英语专业学生自我效能、学习策略、自主学习能力与学业成就的关系研究. 外语教学，30（3）：43-62.

徐富明，施建农，刘化明. 2008. 中学生的学业自我概念及其与学业成绩的关系. 中国临床心理学杂志，（16）：59-62.

徐虹. 2010. 对比语言学视角下英德两种语言在教学中的比较. 东北农业大学学报（社会科学版），8（1）：76-77.

杨莲清. 1998. 影响学生学业成绩的心理因素研究. 现代教育论丛，（2）：31-33.

杨心德，徐钟庚，陈朝阳. 1993. 初中生的自我有效感及其对学习目标的影响. 心理发展与教育，（3）：11-17.

姚计海，申继亮，张彩云. 2003. 中学生偶像崇拜与学业自我概念、学业成绩的关系研究. 应用心理学，9（1）：18-23。
姚计海，屈智勇，井卫英. 2001. 中学生自我概念的特点及其与学业成绩的关系. 心理发展与教育，（4）：57-64.
易芳，郭雅洁，俞宗火，等. 2017. 中小学生学业成绩主要影响因素的元分析. 心理学探新，37（2）：140-148.
查李妹，王晓春，徐叶梅. 2017. 农村“留守初中生”自我概念与学业成绩的关系研究. 教育教学论坛，（32）：248-249.
张春兴. 1989. 张氏心理学辞典. 台北：东华书局.
张怀春. 2004. 师大与民办大学学生学业自我概念比较研究. 中国健康心理学杂志，12（4）：296-299.
张静. 2012. 高中生英语学习适应性与人格、学业自我效能感、学业成绩的关系. 河南科技学院学报，（4）：81-85.

章少哨. 2017. 学习自我效能感的研究现状及展望. 教育教学论坛，（44）：167-169.
张世广. 1996. 浅议汉语和德语的根本不同之处. 西安外国语学院学报，（2）：59-65.
张田，傅安球. 2011. 学业自我效能感与学业策略对高二学生学业成绩的影响：SEM的建立和等值模型的选择. 心理研究，4（6）：50-55.
张伟. 2013. 初三学生自我效能感与数学学业成绩的相关研究. 南昌教育学院学报，28（3）：109-110.
张野，张焕. 2008. 初中生英语自我效能感与知觉到的教师期望、英语成绩的关系. 心理科学，31（1）：230-233.
张昭苑. 2006. 大学生英语成绩、学习归因于学业自我概念关系的研究. 山东外语教学，（2）：25-28.
周国韬，贺岭峰. 1996. 11-15岁学生自我概念的发展. 心理发展与教育，（3）：39-44.

周勇，董奇．1994．学习动机、归因、自我效能感与学生自我监控学习行为的关系研究．心理发展与教育，（3）：30-33.

Amelang, M. & Schmidt-Atzert, L. 2006. *Psychologische Diagnostik und Intervention* (4. Aufl.). Heidelberg, DE: Springer.

Amthauer, R. 1970. *Intelligenz-Struktur–Test* (I-S-T 70). Göttingen, DE: Hogrefe.

Baldwin, J. A., Ebert-May, D. & Burns, D. J. 1999. The development of a college biology self-efficacy instrument for nonmajors. *Science Education*, 83: 397-408.

Bandura, A. 1977a. *Social Learning Theory*. Englewood Cliffs, NJ: Prentice Hall.

Bandura, A. 1977b. Self-efficacy: Toward a unifying theory of behavioral change. *Psychological Review*, 84: 151–215.

Bandura, A. 1986. *Social Foundations of Thought and Action: A Social Cognitive Theory*. Englewood Cliffs, NJ: Prentice Hall.

Bandura, A. 1997. *Self-Efficacy: The Exercise of Control*. New York, NY: Freeman Press.

Bandura, A. 2006. Guide for constructing self-efficacy scales. In F. Pajares & T. Urdan (Eds.), *Self-Efficacy Beliefs of Adolescents* (pp. 307-337). Greenwich, CT: Information Age Publishing.

Beck, K. & Krapp, A. 2006. Wissenschaftstheoretische Grundfragen der pädagogischen Psychologie. In A. Krapp & B. Weidenmann (Hrsg.), *Pädagogische Psychologie* (5. Aufl., S. 35-73). Weinheim, DE: Beltz.

Beierlein, C., Kemper, C. J., Kovaleva, et al. 2013. Kurzskala zur Erfassung allgemeiner Selbstwirksamkeit (ASKU). *Methoden, Daten, Analysen*, 7: 251-278.

Belser, H. 1967. *Testentwicklung.* Weinheim, DE: Beltz.

Biermann, U. 2003. *Selbstkonzept. Schulleistung, Intelligenz: geschlechtsspezifische Differenzen.* Diplomarbeit. Marburg, DE: Philipps-Universtiät Marburg.

Boersma, J. J. & Chapman, J. W. 1992. *Perception of Ability Scale for Students.* Los Angeles, CA: Western Psychological Services.

Bong, M. 1997. Generality of academic self-efficacy judgments: Evidence of hierarchical relations. *Journal of Educational Psychology*, 89: 696-709.

Bong, M. 1998. Tests of the internal/external frames of reference model with subject-specific academic self-efficacy and frame-specific academic self-concepts. *Journal of Educational Psychology*, 90: 102-110.

Bong, M. 2002. Predictive utility of subject-, task-, and problem-specific self-efficacy judgments for immediate and delayed academic performances. *Journal of Experimental Education*, 70: 133-162.

Bong, M., Cho, C., Ahn, H. S., et al. 2012. Comparison of self-beliefs for predicting student motivation and achievement. *The Journal of Educational Research*, 105: 336-362.

Bong, M. & Clark, R. E. 1999. Comparison between self-concept and self-efficacy in academic motivation research. *Educational Psychologist*, 34: 139-153.

Bong, M. & Skaalvik, E. M. 2003. Academic self-concept and self-efficacy: How different are they really? *Educational Psychology Review*, 15: 1-40.

Bouffard-Bouchard, T. 1990. Influence of self-efficacy on performance in a cognitive task. *Journal of Social Psychology*, 130: 353-363.

Brühwiler, C. & Helmke, A. 2018. Determinanten der Schulleistung. In D. H. Rost, J. R. Sparfeldt & S. R. Buch (Hrsg.), *Handwörterbuch Pädagogische Psychologie* (5. Aufl., S. 78–92). Weinheim, DE: Beltz.

Camines, E. G. & Zeller, R. A. 1979. *Reliability and Validity Assessment*. Beverliy Hills, CA: Sage.

Carroll, J. B. 1993. *Human Cognitive Abilities: A Survey of Factor-Analytic Studies*. Cambridge, NY: Cambridge University Press.

Çikrikci, Ö. 2017. The effect of self-efficacy on student achievement. In E. Karadağ (Ed.), *The Factors Effecting Student Achievement. Meta-Analysis of Empirical Studies* (pp. 95-116). Cham, CH: Springer.

Davis, J. A. 1966. The campus as a frog pond: An application of the theory of relative deprivation to career decisions of college men. *American Journal of Sociology*, 72: 17-31.

Dermitzaki, I. & Efklides, A. 2000. Aspects of self-concept and their relationship to language performance and verbal reasoning ability. *American Journal of Psychology*, 113: 621-637. Retrieved on August 20, 2018 from http://www.jstor.org/discover/10.2307/1423475?uid=3737864&uid=2134&uid=2&uid=70&uid=4&sid=21102086318423.

Deusinger, I. M. 1986. *Die Frankfurter Selbstkonzeptskala* (FSKN). Göttingen, DE: Hogrefe.

Donat, M., Radant, M. & Dalbert, C. 2017. Psychologie der Schülerpersönlichkeit. In M. K W Schweer (Hrsg.), *Lehrer-Schüler-Interaktion. Inhaltsfelder, Forschungsperspektiven und methodische Zugänge* (S. 167-189). Wiesbaden, DE: Springer VS.

Dulay, S. 2017. The effect of self-concept on student achievement. In E. Karadağ (Ed.), *The Factors Effecting Student Achievement. Meta-Analysis of Empirical Studies* (pp. 117-132). Cham, CH: Springer.

Faber, G. 2010. *Erfassung rechtschreibbezogener Selbstwirksamkeit mittels fehlerartspezifischer Selbsteinschätzung* (Unpublished paper). Hannover,

DE: Universität Hannover.

Feng, X., Rost, D. H. & Zhang, D. 2015. Akademische Selbstwirksamkeit oder fachbezogene Selbstwirksamkeiten? *Zeitschrift für Entwicklungspsychologie und Pädagogische Psychologie*, 3: 159-172.

Feng, X., Wang, J. & Rost, D. H. 2017. Akademische Selbstkonzepte bei chinesischen Studenten und Studentinnen der Germanistik sowie Schülern und Schülerinnen. *Diagnostica*, 4: 269-284.

Feng, X., Wang, J. & Rost, D. H. 2018. Akademische Selbstkonzepte und akademische Selbstwirksamkeiten: Interdependenzen und Beziehungen zu schulischen Leistungen. *Zeitschrift für Pädagogische Psychologie*: 1-2, 23-38.

Ferla, J., Valke, M. & Cai, Y. 2009. Academic self-efficacy and academic self-concept: Reconsidering structural relationships. *Learning and Individual Differences*, 19: 499-505.

Ferla, J., Valke, M. & Schuyten, G. 2010. Judgments of self-perceived academic competence and their differential impact on students' achievement motivation, learning approach, and academic performance. *European Journal of Psychology of Education*, 25: 519-536.

Gagné, R., Briggs, L. J. & Wager, W. W. 1992. *Principles of Instructional Design* (4th edn.). Forth Worth, TX: Harcourt Brace.

Gibson, S. & Dembo, M. H. 1984. Teacher efficacy: A construct validation. *Journal of Educational Psychology*, 76: 569-582.

Glasser, M. & Weinstein, J. 2013. *The Effect of Self-Concept on Academic Achievement: A Meta-Analysis*. Brookville, NY: Long Island University Post.

Guay, F., Marsh, H. W. & Boivin, M. 2003. Academic self-concept and academic achievement: Developmental perspectives on their causal ordering. *Journal of Educational Psychology*, 95: 124-136.

Gustafsson, J.-E. & Undheim, J. O. 1996. Individual differences in cognitive functions. In D. C. Berliner & R. C. Calfee (Eds.), *Handbook of Educational Psychology* (pp. 186-242). New York, NY: Simon & Schuster Macmillan.

Hank, B. (o. J.). *Fachbezogene Selbstwirksamkeitserwartung*. Retrieved on June 12, 2014 from http://www.phil.uni-passau.de/fileadmin/group_upload/30/Schuelerfragebogen/Chemiestudie.pdf.

Hansford, B. C. & Hattie, J. A. 1982. The relationship between self and achievement/performance measures. *Review of Educational Research*, 52: 123-142.

Hattie, J. 2013. *Lernen sichtbar Machen*. Baltmannsweiler, DE: Schneider.

Hattie, J. A. C. 2009. *Visible Learning. A Synthesis of over 800 Meta-Analyses Relating to Achievement*. London, GB: Routledge.

Helmke, A. & Schrader, F.-W. 2010. Determinanten der Schulleistung. In D. H. Rost (Hrsg.), *Handwörterbuch Pädagogische Psychologie* (4. Aufl., S. 304-311). Weinheim, DE: Beltz.

Honicke, T. & Broadbent, J. 2016. The influence of academic self-efficacy on academic performance: A systematic review. *Educational Research Review*, 17: 63-84.

Hornstra, L., van der Veen, I. & Peetsma, T. 2016. Domain-specifity of motivation: A longitudinal study in upper primary school. *Learning and Individual Differences*, 51: 167-178.

House, J. D. 1992. The relationship between academic self-concept, achievement-related expectancies and college attrition. *Journal of*

College Student Development, 33: 5-10.

Huang, C. 2011. Self-concept and academic achievement: A meta-analysis of longitudinal relations. *Journal of School Psychology*, 49: 505-528.

Huang, C. 2012. Discriminant and incremental validity of self-concept and academic self-efficacy: A meta-analysis. *Educational Psychology*, 32: 777-805.

Hwang, M. H., Choi, H. C., Lee, A., et al. 2016. The relationship between self-efficacy and academic achievement: A 5-year panel analysis. *The Asia-Pacific Education Researcher*, 25: 89-98.

Institut für Test-und Begabungsforschung (ITB) & Gittler, G. 1998. *Intelligenz Stuktur Analyse ISA. Ein Test zur Messung der Intelligenz. Testheft*. Frankfurt am Main, DE: Swets & Zeitlinger.

Institut für Test-und Begabungsforschung (ITB) & Gittler, G. 2001. *Intelligenz Stuktur Analyse ISA. Ein Test zur Messung der Intelligenz. Manual*. Frankfurt am Main, DE: Swets & Zeitlinger.

Jäger, A. O. 1984. Intelligenzstrukturforschung. Konkurrierende Modelle, neue Entwicklungen, Perspektiven. *Psychologische Rundschau,* 35: 21-35.

James, W. 1890. *The Principles of Psychology* (Vol. 1). New York, NY: Holt.

Jansen, M., Scherer, R. & Schroeders, U. 2015. Students' self-concept and self-efficacy in the sciences: Differential relations to antecedents and educational outcomes. *Contemporary Educational Psychology*, 41: 13-24.

Jensen, A. R. 1981. *Straight Talk about Mental Tests*. London, GB: Methuen.

Jerusalem, M. 2016. Selbstwirksamkeit. In H. W. Bierhoff & D. Frey (Hrsg.), *Selbst und soziale Kognition* (S. 169-240). Göttingen, DE: Hogrefe.

Jerusalem, M. & Mittag, W. 1999. Selbstwirksamkeit, Bezugsnormen, Leistung und Wohlbefinden in der Schule. In M. Jesusalem & R. Pekrun

(Hrsg.), *Emotion, Motivation und Leistung* (S. 223-245). Göttingen, DE: Hogrefe.

Jerusalem, M. & Satow, L. 1999. Schulbezogene Selbstwirksamkeitserwartung (WIRKSCHUL). In R. Schwarzer & M. Jerusalem (Eds.), *Skalen zur Erfassung von Schüler-und Lehrermerkmalen*. Berlin, DE: Freie Universität.

Jerusalem, M. & Schwarzer, R. 1981. SWE-Skala zur Allgemeinen Selbstwirksamkeitserwartung. In Leibniz-Zentrum für Psychologische Information und Dokumentation (ZPID) (Hrsg.), Elektronisches Testarchiv (PSYNDEX Tests-Nr. 9001003). Trier: ZPID. https://doi.org/10.23668/psycharchives.307.

Jiang, Y., Song, J., Lee, M., et al. 2014. Self-efficacy and achievement goals as motivational links between perceived contexts and achievement. *Educational Psychology*, 34: 92-117.

Kaiser, H. F. & Rice, H. F. 1974. Little Jiffy, Mark IV. *Educational and Psychological Measurement*, 34, 111-117.

Klauer, K. J. 2006. Forschungsmethoden der pädagogischen Psychologie. In A. Krapp & B. Weidenmann (Hrsg.), *Pädagogische Psychologie* (5. Aufl., S. 77-98). Weinheim, DE: Beltz.

Köller, O. 2004. *Konsequenzen von Leistungsgruppierungen*. Münster, DE: Waxmann.

Köller, O. & Möller, J. 2010. Selbstwirksamkeit. In D. H. Rost (Hrsg.), *Handwörterbuch Pädagogische Psychologie* (4. Aufl., S. 767-774). Weinheim, DE: Beltz.

Köller, O. & Möller, J. 2018. Selbstwirksamkeit. In D. H. Rost, J. R. Sparfeldt & S. R. Buch (Hrsg.), *Handwörterbuch Pädagogische Psychologie* (5. Aufl., S. 757-763). Weinheim, DE: Beltz.

Köller, O., Schnabel, K. & Baumert, J. 1998. The impact of academic self-concepts of ability on the development of interests during adolescence. (Paper presented at the Annual Meeting of the American Educational Research Association). San Diego, CA.

Krapp, A. 2006. Aufgabenfelder der pädagogischen Psychologie. In A. Krapp & B. Weidenmann (Hrsg.), *Pädagogische Psychologie* (5. Aufl., S. 27-31). Weinheim, DE: Beltz.

Kriegbaum, K., Jansen, M. & Spinath, B. 2015. Motivation: A predictor of PISA's mathematical compentence beyond intelligence and prior achievement. *Learning and Individual Differences*, 43: 140-148.

Lado, R. 1957. *Linguistics across Cultures: Applied Linguistics for Language Teachers*. Ann Arbor, MI: University of Michigan Press.

Liepmann, D., Beauducel, A., Brocke, B., et al. 2007. *I-S-T 2000R. Intelligenz-Struktur-Test 2000R. Manual* (2. Aufl.). Göttingen, DE: Hogrefe.

Marsh, H. W. 1974. *Judgmental Anchoring: Stimulus and Response Variables*. Unpublished doctoral dissertation. Los Angeles, CA: University of Californias.

Marsh, H. W. 1986. Verbal und math self-concept: An internal/external frame of reference model. *American Educational Research Journal*, 23: 129-149.

Marsh, H. W. 1987. The big-fish-little pond effect on academic self-concept. *Journal of Educational Psychology*, 79: 280-295.

Marsh, H. W. 1990. *Self-Description Questionnaire-II. Manual*. Campbelltown, AU: University of Western Sydney.

Marsh, H. W. 1991. The failure of high-ability high schools to deliver academic benefits: The importance of academic self-concept and educational aspirations. *American Educational Research Journal*, 28: 445-480.

Marsh, H. W. 1994. Using the national longitudinal study of 1988 to evaluate theoretical models of self-concept: The self-description questionnaire. *Journal of Educational Psychology*, 80: 439-456.

Marsh, H. W. 2007. *Self-Concept Theory, Measurement and Research into Practice: The Role of Self-Concept in Educational Psychology*. Leicester, GB: British Psychological Society.

Marsh, H. W., Barnes, J., Cairns, L., et al. 1984. Self-description questionnaire: Age and sex effects in the structure and level of self-concept for pre-adolescent children. *Journal of Educational Psychology*, 75: 940-956.

Marsh, H. W., Byrne, B. M. & Shavelson, R. J. 1988. A multifaced academic self-concept: Its hierachical structure and its relation to academic achievement. *Journal of Educational Psychology*, 80: 366-380.

Marsh, H. W. & Craven, R. G. 2006. Reciprocal effects of self-concept and performance from a multidimensional perspective. Beyond seductive pleasure and unidimensional perspectives. *Perspectives on Psychological Science*, 1: 133-163.

Marsh, H. W. & Köller, O. 2004. Unification of theoretical models of academic self-concept/achievement relations: Reunification of east and west German school systems after the fall of the Berlin wall. *Contemporary Educational Psychology*, 29: 264-282.

Marsh, H. W. & Martin, A. J. 2011. Academic self-concept and academic achievement: Relations and causal ordering. *British Journal of Educational Psychology*, 81: 59-77.

Marsh, H. W. & Parker, J. W. 1984. Determinants of student self-concept: Is it better to be a relatively large fish in a small pond even if you don't learn to swim as well? *Journal of Personality and Social Psychology*, 47: 213-231.

Martin, A. J. 2010. *The Motivation and Engagement Scale*. Sydney, AU: Lifelong Achievement Group.

Mega, C., Ronconi, L. & De Beni, R. 2013. What makes a good student? How emotions, self-regulated learning, and motivation contribute to academic achievement. *Journal of Educational Psychology*, 106: 121-131.

Meyer, J. W. 1970. High school effects on college intention. *American Journal of Sociology*, 76: 59-70.

Meyer, W.-U. 1984. *Das Konzept von der eigenen Begabung*. Bern, CH: Huber.

Mittag, W., Kleine, D. & Jerusalem, M. 2002. Evaluation der schulbezogenen Selbstwirksamkeit von Sekundarschülern. In M. Jerusalem & D. Hopf (Hrsg.), *Selbstwirksamkeit und Motivationsprozesse in Bildungsinstitutionen* (S. 145-173). Weinheim, DE: Beltz.

Möller, J. & Köller, O. 2004. Die Genese akademischer Selbstkonzepte: Effekte dimensionaler und sozialer Vergleiche. *Psychologische Rundschau*, 5: 19-27.

Möller, J. & Marsh, H. W. 2013. Dimensional comparison theory. *Psychological Review*, 120: 544-560.

Möller, J., Pohlmann, B., Köller, O., et al. 2009. A metaanalytic path analysis of the internal/external frame of reference model of academic achievement and academic self-concept. *Review of Educational Research*, 79: 1129-1167.

Möller, J., Zaunbauer, A. C. M. & Leucht, M. 2018. Fremdsprachenerwerb. In D. H. Rost, J. R. Sparfeldt & S. R. Buch (Hrsg.), *Handwörterbuch*

Pädagogische Psychologie (5. Aufl., S. 193-199). Weinheim, DE: Beltz.

Moschner, B. & Dickhäuser, O. 2018. Selbstkonzept. In D. H. Rost J. R. Sparfeldt & S. R. Buch (Hrsg.), *Handwörterbuch Pädagogische Psychologie* (5. Aufl., S. 750-756). Weinheim, DE: Beltz.

Multon, K. D., Brown, S. D. & Lent, R. W. 1991. Relation of self-efficacy beliefs to academic outcomes: A meta-analytic investigation. *Journal of Counseling Psychology*, 38: 30-38.

Mummendey, H. D. 1987. *Die Fragebogen-Methode. Grundlagen und Anwendungen in Persönlichkeits-, Einstellungs-und Selbstkonzeptforschung.* Göttingen, DE: Hogrefe.

Mummendey, H. D. 2006. *Psychologie des „Selbst". Theorien, Methoden und Ergebnisse de Selbstkonzeptforschung*. Göttingen, DE: Hogrefe.

Nielsen, I. L. & Moore, K. A. 2003. Psychometric data on the Mathematics Self-Efficacy Scale. *Educational and Psychological Measurement*, 63: 128-138.

Organization for Economic Cooperation and Development (OECD). 2005. *PISA 2003 Technical Report*. Paris, FR: Organization for Economic Cooperation and Development.

Pajares, F. 1996. Self-efficacy beliefs in academic settings. *Review of Educational Research*, 66: 543-578.

Pajares, F. & Schunk, D. H. 2001. Self-beliefs and school success: Self-efficacy, self-concept, and school achievement. In R. Riding & S. Rayner (Eds.), *Perception* (pp. 239-266). London, GB: Ablex.

Parker, P. D., Marsh, H. W., Ciarrochi, J., et al. 2014. Juxtaposing math self-efficacy and self-concept as predictors of long-term achievement outcomes. *Educational Psychology*, 34: 29-48.

Petersen, E. R. & Whiteman, M. C. 2007. "I think I can, I think I can ... ": The interrelationships among self-assessed intelligence, self-concept, self-efficacy and the personality trait intellect in university students in Scotland and New Zealand. *Personality and Individual Differences*, 43: 959-968.

Piers, E. V. 1984. *Piers-Harris Children' Self-Concept* (Revised Manual 1984). Los Angeles, CA: Western Psychological Series.

Pintrich, P. R. 2004. A conceptual framework for assessing motivation and self-regulated learning in college students. *Educational Psychology Review*, 16: 385-407.

Pintrich, P. R. & De Groot, E. V. 1990. Motivational and self-regulated learning components of classroom academic performance. *Journal of Educational Psychology*, 82, 33-40.

Retelsdorf, J., Köller, O. & Möller, J. 2014. Reading achievement and reading self-concept – Testing the reciprocal effects model. *Learning and Instruction*, 29: 21-30.

Reynolds, W. M. 1988. Measurement of academic self-concept in college students. *Journal of Personality Assessment*, 52: 223-240.

Richardson, M., Abraham, C. & Bond, R. 2012. Psychological correlates of university students' academic performance: A systematic review and meta-analysis. *Psychological Bulletin*, 138: 353-387.

Rindermann, H. 2002. Modelle und Ergebnisse der Potentialschätzung für das achtjährige Gymnasium. In K. A. Heller (Hrsg.), *Begabtenförderung im Gymnasium* (S. 179-216). Opladen, DE: Leske + Budrich.

Robbins, S. B., Lauver, K., Le, H., et al. 2004. Do psychosocial and study skill factors predict college outcomes? A meta-analysis. *Psychological*

Bulletin, 130: 261-288.

Rost, D. H. 1993. Das Marburger Hochbegabtenprojekt. In D. H. Rost (Hrsg.), *Lebensumweltanalyse hochbegabter Kinder. Das Marburger Hochbegabtenprojekt* (S. 1-33). Göttingen, DE: Hogrefe.

Rost, D. H. 2009. *Intelligenz. Fakten und Mythen*. Weinheim, DE: Beltz.

Rost, D. H. 2013. *Handbuch Intelligenz*. Weinheim, DE: Beltz.

Rost, D. H. & Hoberg, K. 1997. Itempositionsveränderungen in Persönlichkeitsfragebogen: Methodischer Kunstfehler oder tolerierbare Praxis? *Diagnostica*, 43: 97-112.

Rost, D. H., Sparfeldt, J. R. & Schilling, S. R. 2007. Disk-*Gitter mit SKSLF-8. Differentielles Selbstkonzept Gitter mit Skala zur Erfassung des Selbstkonzepts schulischer Leistungen und Fähigkeiten*. Göttingen, DE: Hogrefe.

Satow, L. 1999. *Klassenklima und Selbstwirksamkeitsentwicklung. Eine Längschnittstudie in der Sekundarstufe I*. Dissertation. Berlin, DE: Freie Universität Berlin.

Satow, L. 2002. Unterrichtsklima und Selbstwirksamkeitsdynamik. In M. Jerusalem & D. Hopf (Hrsg.), *Selbstwirksamkeit und Motivationsprozesse in Bildungsinstitutionen* (S. 174-191). Weinheim, DE: Beltz.

Satow, L. & Schwarzer, R. 2003. Entwicklung schulischer und sozialer Selbstwirksamkeitserwartung. Eine Analyse individueller Wachstumskurven. Psychologie in Erziehung und Unterricht, 50: 168-181.

Schilling, S. R., Sparfeldt, J. R., & Rost, D. H. 2004. Wie generell ist das Modell? Analysen zum Geltungsbereich des << Internal/External Frame of Reference>>-Modells. *Zeitschrift für Pädagogische Psychologie*, 18: 221-230.

Schilling, S. R., Sparfeldt, J. R., Rost, D. H., et al. 2005. Schulische Selbstkonzepte – zur Validität einer erweiterten Version des Differentiellen Selbstkonzept Gitters (DISK-Gitter). *Diagnostica*, 51: 21-28.

Schöne, C., Dickhäuser, O., Spinath, B., et al. 2012. *SESSKO. Skalen zur Erfassung des schulischen Selbstkonzepts* (2. Aufl.). Göttingen, DE: Hogrefe.

Schoreit, E. 2016. *Kompetent und trotzdem ängstlich?* Kassel: Kassel University Press.

Schröter, E. & Erb, R. 2007. Die Entwicklung des Kompetenzerlebens und die Wirksamkeit von Lernhilfen beim selbständigen Lösen kognitiv anspruchsvoller Physikaufgaben. In D. Hötteke (Hrsg.), *Naturwissenschaftlicher Unterricht im internationalen Vergleich* (S. 379-381). Berlin, DE: LIT.

Schunk, D. H. & DiBenedetto, M. K. 2014. Academic self-efficacy. In M. J. Furlong, R. Gilman & E. S. Huebner (Eds.), *Handbook of Positive Psychology in Schools* (2nd edn., pp. 115-130). New York, NY: Routledge.

Schunk, D. H. & Usher, E. L. 2011. Assessing self-efficacy for selfregulated learning. In B. J. Zimmerman & D. H. Schunk (Eds.), *Handbook of Self-Regulation of Learning and Performance* (pp. 282-297). New York, NY: Routledge.

Schwarzer, R. 1994. Optimistische Kompetenzerwartung. Zur Erfassung einer personellen Bewältigungsressource. *Diagnostica*, 40: 105-123.

Seaton, M., Parker, P., Marsh, et al. 2014. The reciprocal relations between self-concept, motivation and achievement: Juxtaposing academic self-concept and achievement goal orientations for mathematics success. *Educational Psychology*, 34: 49-72.

Shavelson, R. J. & Bolus, R. 1982. Self-concept: The interplay of theory and methods. *Journal of Educational Psychology*, 74: 3-17.

Shavelson, R. J., Hubner, J. J. & Stanton, G. C. 1976. Self-concept: Validations of construct interpretations. *Review of Educational Research*, 46: 407-441.

Shell, D., Colvin, C. & Bruning, R. H. 1995. Self-efficacy, attributions, and outcome expectancy mechanisms in reading and writing achievement: Grade level and achievement-level differences. *Journal of Educational Psychology*, 87: 386-398.

Skaalvik, E. M. & Bong, M. 2003. Self-concept and self-efficacy revisited. In H. W. Marsh, R. G. Craven & D. M. McInerney (Eds.), *International Advances in Self Research* (pp. 67-90). Greenwich, CN: Information Age Publishing.

Skaalvik, E. M. & Skaalvik, S. 2011. Self-concept and self-efficacy in mathematics: Relation with mathematics motivation and achievement. *Journal of Education Research*, 5: 241-264.

Sparfeldt, J. R. 2000. *Selbstkonzept, Selbstwirksamkeit, Mogelverhalten bei Schülerinnen und Schülern der 8. bis 10. Klasse an Gymnasien.* Diplomarbeit. Marburg: Fachbereich Psychologie der Philipps-Universität Marburg.

Sparfeldt, J. R., Rost, D. H. & Schilling, S. R. 2004. Schulfachspezifische Interessen – ökonomisch gemessen. *Psychlogie in Erziehung und Unterricht*, 51: 213-220.

Sparfeldt, J. R., Schilling, S. R., Rost, D. H., et al. 2005. Leistungsängstlichkeit: Facetten, Fächer, Fachfacetten? Zur Trennbarkeit nach Angstfacette und Inhaltsbereich. *Zeitschrift für Pädagogische Psychologie*, 19: 225-236.

Sparfeldt, J. R., Schilling, S. R., Rost, D. H., et al. 2006. Blocked versus randomized format of questionnaires: A confirmatory multiple group analysis. *Educational and Psychological Measurement*, 66: 961-974.

Spearman, C. 1904. General intelligence, objectively determined and measured. *The American Journal of Psychology*, 15: 201-292.

Stankov, L., Lee, J., Luo, W. S., et al. 2012. Confidence: A better predictor of academic achievement than self-efficacy, self-concept and anxiety. *Learning and Individual Differences*, 22: 747-758.

Steinmayr, R. & Spinath, B. 2010. Konstruktion und erste Validierung einer Skala zur Erfassung subjektiver schulischer Werte (SESSW). *Diagnostica*, 56: 195-211.

Steinmayr, R., Spinath, B. & Rindermann, H. 2010. TBS-TK Rezension: Differentielles schulisches Selbstkonzept-Gitter mit Skala zur Erfassung des Selbstkonzepts schulischer Leistungenund Fähigkeiten (DISK-Gitter mit SKSLF-8) [Testrezension]. *Psychologische Rundschau*, 61: 119-121.

Streblow, L. 2004. *Bezugsrahmen und Selbstkonzeptgenese*. Münster, DE: Waxmann.

Thurstone, L. L. 1938. *Primary Mental Abilities*. Chicago, IL: University of Chicago Press.

Usher, E. L. & Pajares, F. 2009. Sources of self-efficacy in mathematics. A validation study. *Contemporary Educational Psychology*, 34: 89-101.

Valentine, J. C., DeBois, D. L. & Cooper, H. 2004. The relation between self-beliefs and academic achievement: A meta-analytic review. *Educational Psychologist*, 39: 111-133.

Wang, C., Schwab, G., Fenn, P., et al. 2013. Self-efficacy and self-regulated learning strategies for English language learners: Comparison between

Chinese and German college students. *Journal of Educational and Developmental Psychology*, 3: 173-188.

Wittmann, W. W. 1995. The significance of Brunswick-symmetry for psychological research and assessment. *European Journal of Psychological Assessment*, 11: 59-60.

Zimmerman, B. J. 1995. Self-efficacy and educational development. In A. Bandura (Ed.), *Self-efficacy in Changing Societies* (pp. 202-231). Cambridge, GB: Cambridge University Press.

Zimmerman, B. J. 2000. Self-efficacy: An essential motive to learn. *Contemporary Educational Psychology*, 25: 82-91.

Zimmerman, B. J. & Schunk, D. H. 1989. *Self-Regulated Learning and Academic Achievement. Theory, Research, and Practice*. New York, NY: Springer.